FRANK TEICHMANN   DER MENSCH UND SEIN TEMPEL

FRANK TEICHMANN

# DER MENSCH UND SEIN TEMPEL

# GRIECHENLAND

URACHHAUS

MEINEM VEREHRTEN LEHRER
HELLMUT BRUNNER IN DANKBARKEIT

ISBN 3 87838 272 3

© 1980 Verlag Urachhaus Johannes M. Mayer GmbH & Co KG Stuttgart. Alle Rechte, auch die des auszugsweisen Nachdrucks und der photomechanischen Wiedergabe, vorbehalten. Satz und Druck der Offizin Chr. Scheufele Stuttgart.

# INHALT

Vorwort . . . . . . . . . . . . . . . . . . . . . . . . . . . . . . . . . . . . . . . . . . . . . . 7
Griechenland – geschichtlicher Überblick . . . . . . . . . . . . . . . . . . 11
Der heilige Ort . . . . . . . . . . . . . . . . . . . . . . . . . . . . . . . . . . . . . . . 19
Der klassische dorische Tempel . . . . . . . . . . . . . . . . . . . . . . . . . 40
Die Wirkung des Tempels . . . . . . . . . . . . . . . . . . . . . . . . . . . . . . 68
Bauelemente des Organismus
   *1. Proportionierung und Fugenkonkordanz* . . . . . . . . . . . . . . 79
   *2. Die Eckkontraktion* . . . . . . . . . . . . . . . . . . . . . . . . . . . . . . 83
   *3. Die Kurvatur und die Endbearbeitung des ganzen Baues* . . . . . . . 85
Die Bedeutung des Tempels
   *1. Der Tempel als Weihgeschenk an die Gottheit* . . . . . . . . . . . . . . 91
   *2. Der Tempel als Bild des Menschen und als Bild des Kosmos* . . . . . 94
   *3. Der Tempel als Bild der Denktätigkeit* . . . . . . . . . . . . . . . . . 99
Delphi, der Nabel der Welt –
Ursprungsort des eigenständigen Denkens . . . . . . . . . . . . . . . . 103
   *1. Das Orakel* . . . . . . . . . . . . . . . . . . . . . . . . . . . . . . . . . . . . 106
   *2. Apollons Wirken bei der Gesetzgebung und im Gerichtswesen
      der Menschen* . . . . . . . . . . . . . . . . . . . . . . . . . . . . . . . . . 109
   *3. Delphi als Geschichtsspiegel* . . . . . . . . . . . . . . . . . . . . . . . 115
   *4. Apollon und die Musen* . . . . . . . . . . . . . . . . . . . . . . . . . . 119
   *5. Phoibos Apollon* . . . . . . . . . . . . . . . . . . . . . . . . . . . . . . . 126
Der Schmuck am griechischen Tempel . . . . . . . . . . . . . . . . . . . . 130

 Die verschiedenen Ordnungen . . . . . . . . . . . . . . . . . . . . . . . . . . . 140
  *Die attischen weißgrundigen Lekythen* . . . . . . . . . . . . . . . . . . . . 144
  *Das korinthische Kapitell* . . . . . . . . . . . . . . . . . . . . . . . . . . . . . 157
Die Rundtempel . . . . . . . . . . . . . . . . . . . . . . . . . . . . . . . . . . . . . . . 165
Der Tempel als Grabarchitektur . . . . . . . . . . . . . . . . . . . . . . . . . . 185
Apollon . . . . . . . . . . . . . . . . . . . . . . . . . . . . . . . . . . . . . . . . . . . . . 195

## ANHANG

Chronologische Übersicht über die griechische Geschichte . . . . . 215

Weiterführende Literatur . . . . . . . . . . . . . . . . . . . . . . . . . . . . . . . 217

Register . . . . . . . . . . . . . . . . . . . . . . . . . . . . . . . . . . . . . . . . . . . . 218

# VORWORT

Für die Menschen vergangener Zeiten war die lebendige Verbindung mit den Göttern wichtigster Lebensinhalt. Denn von ihr hing das Wohl und Wehe der menschlichen Gemeinschaften ab. Da die Pflege dieser Verbindung in den Tempeln geschah, mußten diese so gestaltet sein, daß sie für das göttliche Wirken und das menschliche Erleben des heiligen Geschehens eine ihnen ensprechende Hülle bilden konnten. Dabei hat es einen Einfluß auf die Bauformen, ob der Mensch z. B. in dem elementaren Wirken der Natur das Walten der Götter erlebt oder ob er es im eigenen Innern wahrnimmt.

Im genauen Betrachten der Tempelformen der verschiedenen Völker wird versucht, wieder bewußtzumachen, was als Erleben der göttlichen Welten von den Erbauern in diese Formen eingeflossen ist.

In einem ersten Schritt (*Der Mensch und sein Tempel, Ägypten*) wurde gezeigt, wie in Ägypten der menschliche Leib als Träger der göttlichen Wirksamkeit erlebt wurde und wie sich diese Tatsache in den Bauformen des ägyptischen Tempels ausprägt. In diesem Band soll nun darauf aufmerksam gemacht werden, welches Verhältnis der Grieche zu seiner Götterwelt innehatte und wie dieses im griechischen Tempel zum Ausdruck kommt. Dabei wird sich ergeben, daß es hier nicht der physische Leib des Menschen ist, in dem das Wirken der Götter empfunden wird, sondern sein Organismus, seine Gestalt. Es ist dies dasjenige Wesensglied des Menschen, das den physischen Leib erst zum Leben und seinen Prozessen aufruft. Inwiefern der griechische Tempel als ein solcher Organismus angeschaut werden kann, soll ausführlich dargestellt werden.

Die Deutung des klassischen griechischen Tempels und die Art, wie er mit dem Bewußtsein des Griechen zusammenhängt, stehen also im Vordergrund dieses Buches. Die allgemeine Entwicklung des griechischen Tempels, die besonderen Ausführungen einzelner Tempel, geographische Sonderformen, die nachklassische Entwicklung usw. werden nicht behandelt. Der Interessierte sei auf die z.T. ausgezeichneten Bücher im Literaturverzeichnis verwiesen, die diese Themen ausführlich besprechen.

Aus der Untersuchung des griechischen Tempels ergibt sich weiter, daß zum Verständnis seiner Formen auf die Entstehung des Denkens und die Entwicklung der sogenannten abstrakten Begriffe im Bewußtsein der Griechen eingegangen werden muß. Es ist die gleiche Zeit, in der auch der griechische Tempel seine endgültige Ausgestaltung erfahren hat. Der Zusammenhang jener Phänomene des Denkens mit dem griechischen Tempel ist nicht gleich von vornherein einzusehen. Deswegen möchte ich den Leser bitten, erst möglichst vorurteilslos den ganzen Text des Buches zu lesen, ehe die Einzelheiten kritisch beurteilt werden. Denn »abstrakte« Begriffe stellen immer Zusammenhänge her, und ein einzelnes Glied dieses Zusammenhanges kann nur vom Gesichtspunkte des Ganzen her seinen besonderen Wert erhalten. Ohne Bewußtsein vom Ganzen ist daher eine Beurteilung des einzelnen Gedankens nicht möglich.

Da in einer solchen Darstellung nicht nur die Tatsachen beschrieben werden, sondern ihr Auftreten und ihre Form hinterfragt, d.h. die Frage nach dem Sinn gestellt wird, führt eine solche Bemühung notwendigerweise über die heute üblichen Darstellungen hinaus. Man kann sich also nicht auf schon vorhandene Literatur abstützen. Dies ist eine Schwierigkeit, die mir voll bewußt ist und die nur überwunden werden kann, wenn der Leser mitzudenken versucht, ohne schon bekannte Bahnen des Denkens ausnützen zu können.

Ein solcher Versuch hätte ohne die Anthroposophie Rudolf Steiners nicht unternommen werden können. Denn die Anregungen, die aus einem Bewußtsein von der Wirklichkeit göttlich-geistiger Welten gegeben werden und die Angaben aus der Anthroposophie, auf welchen Wegen diese Welten heute bewußt und exakt zu erleben sind, sind

so fruchtbar, daß sich erst dadurch der Sinn der alten Kulturen erschließt. In ihnen war noch ein sicheres Wissen und ein Erleben der göttlichen Welten vorhanden. Aus dem heutigen Erfahren dieser Welten kann dann ein Licht geworfen werden auf die Geisterkenntnisse des antiken Menschen. Zum Verständnis dieses Buches ist die Kenntnis der Anthroposophie nicht Voraussetzung. Wie sie jedoch in Übereinstimmung mit den griechischen Texten steht, wird sich immer wieder zeigen lassen. Ohne die Hilfe der Anthroposophie wären aber die griechischen Erfahrungen unverständlich geblieben.
Die Tempel sind die charakteristischsten und auch die bedeutendsten Bauten der alten Kulturen. Denn in ihnen findet das wichtigste Anliegen der Menschen, ihr Verhältnis zur göttlichen Welt, seinen Ausdruck. Im Tempel kann somit eine Art Urbild der Kultur, die ihn hervorgebracht hat, gesehen werden. In einer Betrachtung des Tempels führt dies zu Abgrenzungsschwierigkeiten, da die vielen einzelnen Phänomene einer Kultur schließlich alle aus ihrem Brennpunkt, dem Tempelbau, abgeleitet werden könnten. Dieser Versuchung ist hier insofern Widerstand geleistet worden, als nur die mit dem Tempel unmittelbar im Zusammenhang stehenden Themen behandelt werden. Insbesondere mußten, damit der Grundgedanke klar wird, alle Ausblicke in die Mythologie auf später verschoben werden. Nur Apollon, dessen Wirken der Form des griechischen Tempels zugrunde liegt, bildet davon eine Ausnahme.
Wieder möchte ich meiner Frau von Herzen für ihre unermüdliche Hilfsbereitschaft bei der Erstellung des Manuskriptes danken. Dem Verlag, insbesondere Herrn Johannes M. Mayer, danke ich für die Aufgeschlossenheit für die individuellen Entstehungsrhythmen dieser Arbeit und Herrn Axel Schliwa für seine Einsatzfreudigkeit und Präzision beim Zeichnen der Vorlagen für die Figuren.

Stuttgart, im Februar 1980 Frank Teichmann

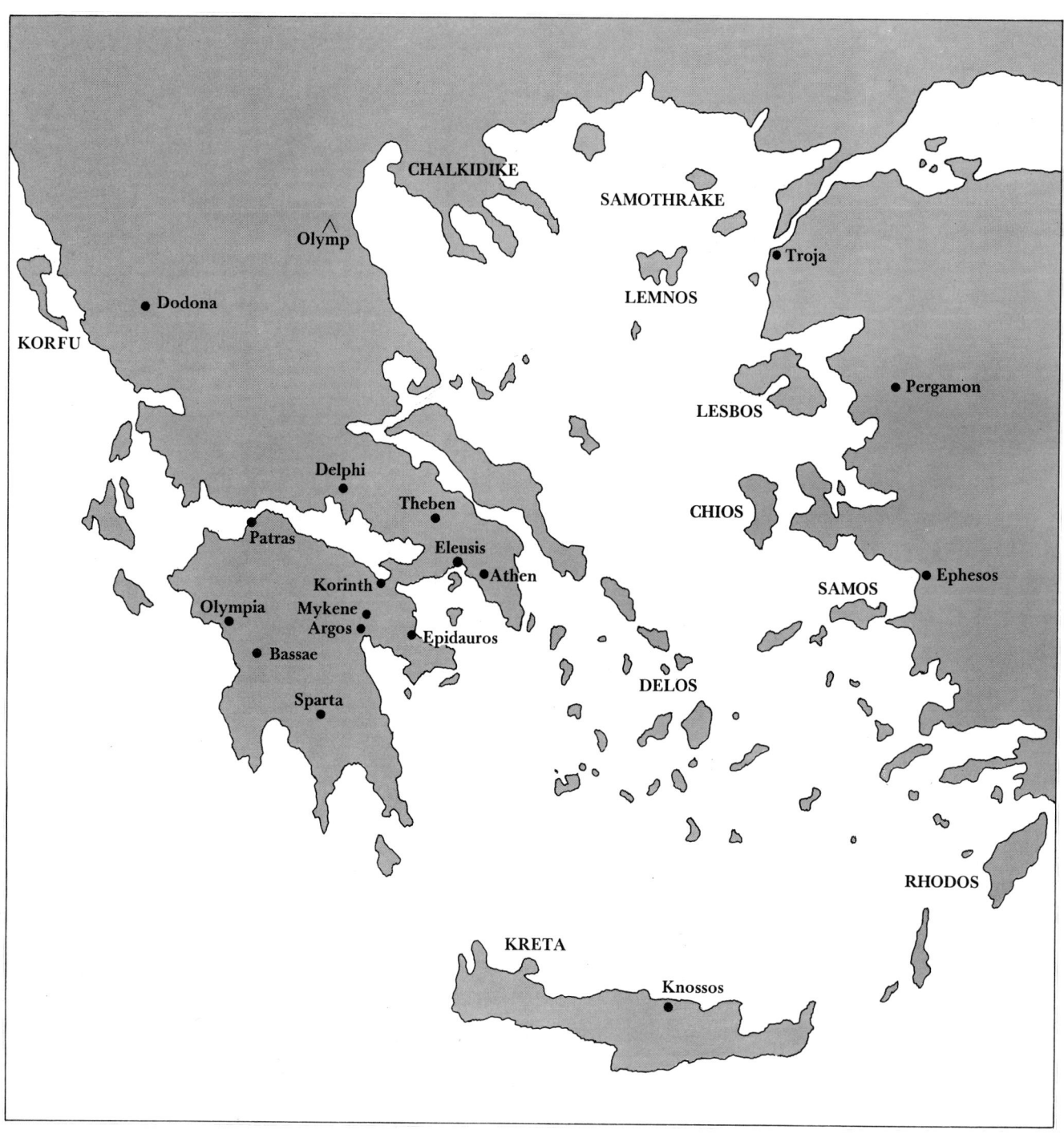

# Griechenland
# Geschichtlicher Überblick

Während die ägyptische Kultur ihre Abfolge von Blüte- und Verfallszeiten durchlief, begann in einem anderen Gebiet der Erde, in Griechenland, eine Entwicklung, die die nachfolgende Hochkultur vorbereitete. Sie geschah in einem geographischen Raum, der völlig anders strukturiert war als der ägyptische. War Ägypten von unermeßlich weiten Wüsten umgeben, die das Land gegen alle feindlichen Einfälle abschirmten, aber auch alle Beziehungen zu den umliegenden Ländern erschwerten, so war Griechenland ein Gebilde, das fast nur aus größeren und kleineren Inseln, Halbinseln und Landzungen bestand und so innig mit dem Meer verbunden war. Es gab keinen Ort in Griechenland, der weiter als eine Tagereise vom Meer entfernt lag. Da die Griechen früh schon hervorragende Seeleute waren, brachte das Meer sie in Kontakt mit der ganzen Umwelt. Das Landesinnere aber war durch hohe, fast unwegsame Gebirge zerklüftet, die die einzelnen Stadtgebiete auf natürliche Weise voneinander abgrenzten und die Menschen auf das Meer als verbindendes Element verwiesen. Im Gegensatz dazu kannte Ägypten keinerlei innere Grenzen, sondern war von dem alle Orte verbindenden Nil durchflossen und zu einem einheitlichen Ganzen verbunden.

Die Beschaffenheit des Raumes, in dem sich eine Kultur entwickelt, prägt sich dieser ganz wesentlich ein. In Ägypten zeigt sich das in der von außen fast unabhängigen, eigenständigen Entwicklung, in jenem dem Wüstenklima entsprechenden starken Zug des Ägypters zum Ewigen, Unwandelbaren, zum Stein und in seinem starren Festhalten am Alten. Es zeigt sich auch bei den Bauten selbst, die sich, wie das Land im Ganzen, nach außen abschließen. Man braucht sich nur an

Abb. 1  Blick ins Pleistostal nach Osten während des Aufstieges zum Apollonheiligtum von Delphi.

1 Vgl. A. Lesky, Thalatta, der Weg der Griechen zum Meer, Wien 1947.

2 Man denke nur an das Beispiel des ägyptischen Kalenders, dessen Rhythmus von 365 Tagen stur festgehalten wurde, obwohl sich der Jahresanfang alle vier Jahre um einen Tag verschob. Man korrigierte diesen Anfang nicht, obwohl man die immer deutlicher werdende Diskrepanz zur Sternenwelt bemerkte.

den ägyptischen Tempel zu erinnern, der durch hohe Mauern von der Umgebung abgetrennt wird. Der Grieche dagegen wird von dem beweglichen Element des Wassers beeinflußt. Das Land im Rücken, wird er auf das offene Meer gewiesen, das er im Laufe seiner Geschichte zu erfahren und zu beherrschen lernt.[1] Beweglichkeit und offenes Wesen zeichnen ja später diejenigen Griechen aus, die sich nicht, wie die Spartaner, absichtlich vom Meer zurückziehen. Auch im griechischen Tempel spiegelt sich diese Offenheit zur Welt wider.

Die Beschaffenheit des geographischen Raumes kann somit zum Bilde werden, das uns zum Verständnis einer Kultur hinzuführen vermag. Wir werden darauf aufmerksam, daß die Bewohner einer bestimmten Landschaft nicht eine irgendwie zufällige Kultur entwickeln, sondern daß diese Kultur, mit dem Stück Erde, auf dem sie erblüht, in engem Zusammenhang steht. In der Abgeschlossenheit und Einförmigkeit der ägyptischen Umgebung schaffen die Ägypter eine Kultur, die von der übrigen Kulturwelt völlig abgeschlossen ist, die aber innerlich von einem einheitlichen Volke getragen wird und deren Leben sich fast unabhängig von jeglicher Außenwelt entwickelt.[2] Die Griechen dagegen schaffen in ihrem vielgestaltigen Lebensraum eine Kultur, durch die sie die Verbindung mit der ganzen damals bekannten Welt aufnehmen, ohne jedoch jemals ein einheitliches politisches Gebilde anzustreben. Sie erhalten ihren kulturellen Zusammenhang unter Wahrung höchstmöglicher Selbständigkeit.

Die Entwicklung der griechischen Kultur wurde dadurch angestoßen, daß am Beginn des zweiten Jahrtausends in den eben charakterisierten geographischen Raum Völker indogermanischer Herkunft einwanderten. In mehreren Wellen drangen sie von Norden her ein, unterwarfen die ansässige Bevölkerung und errichteten kleine Herrschaftsbereiche. So kamen zuerst die Achäer, die Impulse der schon hoch entwickelten kretisch-minoischen Kultur aufnahmen und eine eigenständige »Mischkultur« schufen, die *kretisch-mykenische* Kultur. Seit dem 12. Jahrhundert v. Chr. rückten die das Eisen kennenden Dorer nach, besiegten oder verdrängten die älteren Achäer, die auf die Inseln und die kleinasiatische Küste auswichen, und vernichteten deren Kultur. Erst nach den sogenannten »dunklen« Jahrhunderten, die auf die dori-

sche Wanderung folgten, beginnt im 8. Jahrhundert die Entwicklung von neuem: Homer dichtet seine Epen und schenkt durch sie den Griechen eine gemeinsame Sprache und Götterwelt; die olympischen Spiele werden als panhellenisches Fest eingerichtet, das die Griechen alle vier Jahre gemeinsam feiern und dessen Zählung die Grundlage der griechischen Zeitrechnung bildet (erstmals 776 v. Chr.); die griechische Schrift wird »erfunden«[3], und die sogenannte *geometrische Kunst* beginnt sich zu entfalten. In der nun folgenden kurzen Zeit von nur drei Jahrhunderten entwickelt sich die ganze Fülle der griechischen Kulturtaten zu höchster Blüte, die mit dem 5. Jahrhundert, dem »klassischen« Zeitalter Griechenlands, erreicht ist. Diese Entwicklung der griechischen Kultur ist mit zwei Phänomenen verbunden: erstens mit der Ausbreitung der griechischen Bevölkerung über das ursprüngliche Stammland hinaus, durch die sogenannte »Große Kolonisation«, die zur Gründung vieler Städte an den Rändern des gesamten Mittel- und Schwarzen Meeres führt, und zweitens mit einem steten Selbständigerwerden der freien Bürger, die sich durch Erziehung und Ausbildung neue Fähigkeiten erwerben und in den neuen und alten Städten danach drängen, diese in eigener Verantwortung zu erproben. Beide Phänomene sind nicht unabhängig voneinander zu denken. Denn es ist nicht nur die Übervölkerung, die zur Auswanderung eines Teils der Einwohner einer Stadt drängt, auch Wagemut, Unternehmungslust, Freiheitsdrang, Kaufmannsgeist – alles Eigenschaften, die den beweglichen Griechen auszeichnen – können Anlaß zur Neusiedlung in fremden Gebieten werden. So nimmt auch die Kolonisationsbewegung[4] von den fortschrittlicheren ionischen Städten, vor allem von Milet, ihren Ausgang. Immer aber siedeln die Griechen in der Nähe des Meeres, so daß sie schließlich, wie Platon sich ausdrückt, um dieses Meer sitzen »wie die Frösche um den Teich«.

Die ganze frühe Geschichte Griechenlands kann durch die Entwicklung Athens charakterisiert werden, die gut dokumentiert ist und die, mehr oder weniger, von den übrigen griechischen Staaten nachvollzogen worden ist. Hier ist am deutlichsten und schnellsten das Selbständigwerden der freien Bürger vorangetrieben worden. Es ist verbunden mit der Zurückdrängung des Adels aus seinen ursprünglichen Rechten

---

[3] Bezeichnend ist auch hier, daß die griechische Schrift, die erstmals auf einfache Weise erlaubt, sämtliche Worte der Sprache eindeutig zu schreiben, nicht von der mykenischen Silbenschrift abgeleitet, sondern aus der phönikischen Konsonantenschrift entwickelt wird, die man um eigene Vokalzeichen ergänzt hat. Der Grieche ist offen für die Welt, er nimmt überall die Anregungen auf, die ihm am nützlichsten erscheinen und bildet sie zu Eigenem um (vgl. auch den sogenannten orientalisierenden Stil in der Kunst des 7. Jahrhunderts).

[4] Über die Rolle, die Delphi bei dieser Kolonisationsbewegung spielt vgl. S. 128.

und Ämtern, die von den mündig gewordenen Bürgern übernommen werden. Die fortschreitende Demokratisierung verläuft nicht ohne Rückfälle (z. B. die Tyrannenherrschaft des Peisistratos), aber die große Linie ist deutlich. Zuerst wird das alte Königtum umgestaltet und auf ein sakrales Jahresamt beschränkt, dann das Adelsregiment der Archonten gebildet, dann durch Drakon ein für alle Bürger aufgezeichnetes und öffentlich zugänglich gemachtes Recht gegeben (624 v. Chr.), das durch Solon reformiert und erweitert wird (594 v. Chr.). Ihm ist neben der sozialen und wirtschaftlichen Reform (das Geldwesen ist gerade aufgekommen) die Emanzipation des Bürgers aus seinen alten Bindungen von Geschlecht, Sippe und Stamm oberstes Ziel. »Denen, die daheim der Knechtschaft hartes Joch ertrugen, zitternd vor der Willkür mächt'ger Herrn, gab Freiheit ich zurück. Kraft des Gesetzes schuf das alles ich, verbindend Macht mit strengem Recht.«[5] Er ordnet die Bevölkerung in vier Klassen, wobei sich die Klassenzugehörigkeit nach den Einkünften eines Bürgers bestimmt. Nach der Vertreibung des Tyrannen Peisistratos, der ansonsten ein für Athen gedeihliches Regiment geführt hatte, knüpft Kleisthenes (508 v. Chr.) wieder an die Solonische Gesetzgebung an, entwickelt sie weiter und bricht, dem Zug der Zeit folgend, endgültig mit der Bevormundung des Adels. Das Volk wird jetzt in 100 Demen gegliedert, die durch das Los, unabhängig von ihrer geographischen Lage, in zehn Phylen zusammengeschlossen werden. Aus jeder Phyle werden 50 Personen in den Rat der 500 entsandt, der als geschäftsführendes Organ der Volksversammlung und als Regierung (jeweils 50 aus jeder Phyle während eines Zehntels des Jahres) fungiert. Jeder Bürger hat das Recht, in der Volksversammlung seine Stimme zu erheben und ist vor dem Gesetz jedem anderen Bürger gleich. Die Entwicklung gipfelt in der Mitte des 5. Jahrhunderts, wo alle Ämter (mit Ausnahme des Strategenamtes) jährlich neu verlost werden. Das Ideal der Demokratie ist damit erstmals verwirklicht. Was einst nur die Fähigkeit eines Königs war, jetzt wird sie von jedem Menschen erwartet. In der Rede des Perikles auf die Gefallenen (431 v. Chr.) kommt diese Haltung deutlich zum Ausdruck: »In der Tat sind vor dem Gesetz ... alle Bürger gleich. Was aber das Ansehen des einzelnen ... betrifft, so gibt nicht Zugehö-

5 Aus einem Gedicht Solons, übersetzt von E. Preime, in: Solon, Dichtungen, München 1945, S. 31.

rigkeit zu einer höheren Schicht, sondern nur persönliche Tüchtigkeit den Vorzug im Gemeinwesen, wie auch Armut und bescheidene Herkunft einen leistungsfähigen Bürger nicht vom politischen Erfolg ausschließen ... Die gleiche Sorge gilt bei uns dem Haus- und dem Gemeinwesen ... Denn Athen ist der einzige Staat, wo man einen, der an den Angelegenheiten des Staates keinen Anteil nimmt, nicht für einen die Ruhe liebenden Menschen, sondern für ein unnützes Glied des Gemeinwesens hält.«[6] Welcher Weg zurückgelegt worden ist, wird wohl am besten an einem Wort des Odysseus deutlich, der den heimdrängenden Mann des Volkes schlägt und anfährt: »Mann des Unglücks! Setz dich still hin und höre die Rede anderer, die besser sind als du! Denn du bist unkriegerisch und kraftlos, weder zählst du jemals im Kampf noch im Rate! Wir können doch nicht alle hier Könige sein, wir Achäer! Nichts Gutes ist Vielherrschaft: einer soll Herr sein, einer König.«[7]

Gekoppelt ist dieses Selbständigwerden der Menschen mit der Entdekkung und Entwicklung der denkerischen Fähigkeiten.[8] Sokrates und die Sophisten seiner Zeit sahen ihre Aufgabe darin, dieses Denken bei allen Menschen herauszulocken, zu schulen und zu pflegen ohne Rücksicht darauf, daß damit im Laufe der Zeit auch alle alten Überlieferungen und Traditionen in Frage gestellt werden. Die Entwicklung der Philosophie und der Wissenschaften sind die ersten Früchte dieser Bemühungen.

Während der gesamten Zeit, die zur Entfaltung dieser Fähigkeiten notwendig war, hat sich Griechenland in der glücklichen Lage befunden, keine feindlichen Angriffe abwehren zu müssen. Erst im 5. Jahrhundert erfolgt die kriegerische Auseinandersetzung mit dem Orient, der in der alten Form eines Großkönigreiches die kleinen selbständigen Stadtgebiete mit ihren vergleichsweise bescheidenen Machtmitteln leicht besiegen zu können glaubt. Aber, wie im legendären trojanischen Krieg vorgezeichnet, gelingt es den Griechen, in den Schlachten von Marathon (490), Salamis (480) und Plataä (479) diese Gefahr von sich abzuwenden. In den nun folgenden 50 Jahren erreichen sie den Höhepunkt ihrer Kultur. Jetzt werden die ersten Philosophenschulen begründet, es entstehen die Werke der klassischen Kunst, die großen

6 Aus: Thukydides, Geschichte des peloponnesischen Krieges II, 38–40
7 Homer, Ilias, II, 22 f
8 Vgl. S. 123.

Tempel, die Plastiken des Phidias und Polyklet, die Oden Pindars, die Tragödien des Aischylos, Sophokles und Euripides, das Geschichtswerk des Herodot usw.

Politisch folgt eine Periode ständiger Auseinandersetzungen der einzelnen Stadtstaaten, die sich in wechselnden Bündnissen und Gruppierungen gegenseitig zu beherrschen trachten. So unerfreulich und abstoßend diese politischen Handlungen auch sind, die weitere Entwicklung der Kultur wird durch sie nicht wesentlich gebremst. Die zerstörten Städte erholen sich meist sehr schnell, werden wieder aufgebaut und bringen eine Fülle aktiver Persönlichkeiten hervor, die oft den Rahmen ihrer Heimat verlassen und in den Dienst fremder Herren und Länder treten.

In Alexander dem Großen erhalten die Griechen schließlich ihren politischen Führer. Ihm, dem mitreißenden Feldherrn, folgen sie bis ins fernste Asien, um Land nach Land und schließlich den ganzen Alten Orient zu erobern. Überall gründet Alexander griechische Städte und breitet dadurch die junge griechische Kultur über die ganze damals bekannte Welt aus. Was im ursprünglichen Kernland der Griechen als Neues aufgeblüht war, führt jetzt zur Befruchtung aller Völker der Antike. Das griechische kulturelle Leben greift ein in die Traditionen der verschiedenen Reiche, gestaltend und umgestaltend, überall Neues und Eigenständiges hervorbringend. Wenn auch dieses riesige Reich Alexanders nach seinem Tode wieder in kleinere Reiche zerfällt, denn die Zwistigkeiten, die Griechenland schon immer auszeichneten, setzen sich jetzt in größerem Maßstab fort, so ist doch die griechische Kultur dort nicht mehr wegzudenken. Jacob Burckhardt hat dieses Zeitalter, das man heute *Hellenismus* nennt, geradezu so definiert, daß in ihm »die große Verwandlung des Hellenentums aus einer politischen in eine Kulturpotenz«[9] bewirkt wurde. Die drei Jahrhunderte nach Alexanders Tod (323 v. Chr.) bis zur Schlacht bei Actium (31 v. Chr.), nach welcher die letzten noch selbständigen Staatsgebilde in das Römische Reich eingegliedert werden, sind ein »ewig lebendiger, nie zum Stillstand kommender, ständig neue Aspekte und Überraschungen offenbarender Prozeß ... Hellenistische Kultur ist eine nie endende Lebensfülle von fast unheimlichem Ausmaß«.[10] Ihre Quell-

9 J. Burckhardt, Griechische Kulturgeschichte IV, Berlin 1902³, S. 348.

10 C. Schneider, Kulturgeschichte des Hellenismus, München 1967, S. 2/3.

zentren hat sie in den großen Städten Alexandria, Pergamon u. a., wo große Bibliotheken angelegt werden, die, wie in Brennpunkten, das ganze damalige Wissen der Welt sammeln. Die griechische Sprache, die aus dem Attischen entwickelte »Koiné«, bildet das Band, das den verschiedenen Völkern die Teilnahme an der gemeinsamen Kultur ermöglicht. Noch nach Jahrhunderten (3.–6. Jhdt. n. Chr.) prägen die persischen Sassaniden Münzen, auf denen sie sich in griechischer Schrift als »Philhellenen«, als Griechenfreunde, bezeichnen.

Die einzelnen Staaten der hellenistischen Reiche werden einer nach dem anderen durch Eroberung (Makedonien 169 v. Chr.), Vererbung (Pergamon, 133 v. Chr.) oder kampflose Übergabe (Ägypten, nach Selbstmord Kleopatras, 30 v. Chr.) in das römische Weltreich eingegliedert. Auch dies bedeutet noch nicht das Ende der hellenistischen Kultur, die, auch die Sieger beeinflussend, nur langsam in neuen Kulturen aufgeht.

# Der heilige Ort

Der Weltoffenheit des Griechen entspricht sein Tempel. Jeder, der einmal die klassischen griechischen Tempel besucht hat, behält eine Erinnerung an sie zurück, die die ganze Natur, die um sie lebt, mit aufnimmt. Er erinnert sich an den freien Blick auf die Berge ringsum, an steinige Hänge, an Blüten, Kräuterduft und Zikadengezirpe, an blauen Himmel, Quellen, Säulentrümmer, an Reste von Mauerwerk und Fundament. Er erinnert sich an einsam liegende Tempel, hoch in den Bergen gelegen, stundenweit entfernt von jeglicher Siedlung! Oder er erinnert sich an Tempel, die inmitten von großen Städten dennoch von grünen Hainen umgeben sind – selbst heute noch. Natur und Tempel sind unmittelbar miteinander verbunden, bilden ein Ganzes.
Dieser Zusammenklang von Landschaft und Heiligtum ist ein Ausdruck für das Gotteserlebnis des Griechen. Die Götter erscheinen zwar, wenn sie sich dem Menschen offenbaren wollen, in menschlicher Gestalt, aber sie treten immer in der freien Natur auf. Dort begegnet er ihnen, wie er auch Menschen begegnet.[11] Sie sind in seiner Umgebung anwesend, wandeln und wirken darin, so daß es nur eines erkennenden Sinnes bedarf, sie als solche zu entdecken. Meistens bemerkt der Mensch erst hinterher, daß ihm ein Gott oder eine Göttin begegnet ist.[12]
Bei genauerer Beobachtung ergibt sich, daß die verschiedenen Götter eine ganz intime Beziehung zu einer bestimmten Landschaft haben, die ihrem Wesen entspricht. »Die ganze Landschaft ist Gott-erfüllt, und zwar erfüllt von *dem* Gott, dessen Heiligtum in ihr errichtet ist.«[13] Um das zu verstehen, müssen wir daran denken, daß das Seelenleben des frühen Griechen nicht mit dem unsrigen identisch ist. Er erlebt sich

[11] Vgl. Homer: Odyssee 1, 105; 2, 383; 2, 401; 13, 222; Ilias 22, 227.

[12] Vgl. z. B. Homer, Ilias 22, 296; Odyssee 3, 377.

[13] P. Philippson, Griechische Gottheiten in ihren Landschaften, Oslo 1939, S. 3.

noch ganz ausgebreitet in der Welt, ist noch außer sich und trennt sein eigenes Innenleben noch nicht von der ihn umgebenden Natur. Dieser Schritt wird erst im Laufe der griechischen Entwicklung vollzogen.

Am deutlichsten können wir diesen Umschwung im Seelenleben des Griechen, der für das Menschenverständnis des ganzen Altertums außerordentlich wichtig ist, bei dem Entstehen des Begriffes »Gewissen« beobachten. In zwei Tragödien des 5. Jahrhunderts, in den »Eumeniden« des Aischylos (458 v. Chr.) und im »Orestes« des Euripides (408 v. Chr.), wird der gleiche Sagenstoff behandelt: Nach zehnjähriger Belagerung und der Einnahme Trojas kehrt der Heerführer der Griechen, Agamemnon, nach Mykene zurück. Seine Gattin Klytaimnestra, die sich dem Aigisth ergeben hat, läßt ihn im Bade ermorden. Der Sohn beider, Orest, muß dann, um den Vater zu rächen, seine Mutter töten. Hier setzen die beiden Tragödien ein. Interessant ist nun, wie verschieden die beiden Dichter das Lebensproblem des Orest dramaturgisch gestalten. Bei Aischylos sehen wir Orest auf der Bühne von den Erinnyen, den furchtbaren, schreckenerregenden Rächerinnen der Unterwelt, verfolgt. Bei Euripides leidet Orest zwar ebenfalls unter den Erinnyen, den Folgen seiner Tat, bezeichnet sein Leiden jedoch als »das Gewissen« und faßt damit zum ersten Mal in der Geschichte den Gewissensbegriff.[14] Dieses Gewissen, das wir heute als eine »innere« Stimme vernehmen, wird von Menelaos, dem gegenüber Orest von seiner neuen Erfahrung spricht, noch nicht verstanden. Erst als Orest wieder von den »drei Mädchen, gleich der Nacht« berichtet, die ihn verfolgen und quälen, wird jenem die ungewohnte Antwort verständlich.

In den 50 Jahren, die zwischen der Aufführung des Aischylos und der des Euripides liegen, hat sich also der entscheidende Umschwung von außen nach innen vollzogen. Das Seelenerlebnis des Orest, das bei Aischylos noch als Bildgeschehen der Außenwelt Orests geschildert wird, ist bei Euripides in das Innere des Menschen eingezogen, ist *sein* Gewissen geworden. Es wird gewußt (»ich bin mir *bewußt,* Furchtbares getan zu haben«[15]), nicht mehr geschaut. Darüber hinaus wird der Vorgang begleitet von dem Hinschwinden der äußeren Gotteserfahrung und dem Auftreten der selbst erkennenden und selbständig han-

---

14 Auf diese Tatsache hat R. Steiner schon seit 1904 aufmerksam gemacht in den Vorträgen vom 20. 10. 04 (GA 53), 29. 8. 06 (GA 113), 25. 10. 09 (GA 116), 2. 5. 10 (GA 116), 5. 5. 10 (GA 59) u. a. Siehe auch U. Stebler, Entstehung und Entwicklung des Gewissens im Spiegel der griechischen Tragödie, Bern/Frankfurt 1971; und K. M. Dietz, Von den Erinnyen zum Gewissen, in »die Drei«, Heft 3/1976, S. 120.

15 Euripides, Orestes, 396.

delnden Persönlichkeit.[16] Auch das kommt in den beiden Tragödien sehr schön zum Ausdruck: »Bei Aischylos ist Orest der einzige wirkliche Mensch im Drama. Die anderen Personen sind: Götter (Apoll, Athena, die Erinnyen), Klytaimnestras Totenseele und die Pythia, die Seherin in Delphi. Bei Euripides gibt es nur Menschen. Der einzige Gott (Apoll) erscheint lediglich am Ende als Deus ex machina, um die Wirren des Handlungsschlusses einigermaßen zu entflechten.«[17] Ist Orest in der Tragödie des Aischylos der Getriebene, welcher die Folgen der für ihn von den Göttern gefällten Entscheidungen zu tragen hat, so ist er bei Euripides der leidende, erkennende, sich verteidigende und selbst handelnde Mensch, der sich von göttlicher Führung zu befreien sucht.

Wenn wir versuchen, uns in diesen Umschwung der seelischen Konfiguration des Menschen einzuleben, dann kann uns die Bedeutung, die der frühe Grieche der Landschaft beimaß, aufleuchten. Denn da handelt es sich gar nicht um einen zufällig durch die geologischen Prozesse gebildeten Teil der Erdoberfläche, sondern auch um seine eigene »Seelenlandschaft«. Da sein Wesen noch gar nicht so in sich darinnen war, wie wir das heute als natürliches Erlebnis haben, empfand er in den verschiedenen Landschaften und also auch in seinem Seelenleben, die ganz bestimmten Wirkungen der Götter.

Der Grieche, der dieses erkennt, errichtet an den charakteristischen Stellen der verschiedenen Landschaften die Heiligtümer der Götter. Die von ihnen geschaffene Natur wird vom Menschen in ihrem göttlichen Bezug erkannt und gestaltet: Ein heiliger Bezirk, der von einer niedrigen Mauer umzogen und mit einem Altar versehen wird, kennzeichnet diesen Götterort. Dort, unter freiem Himmel und in der Landschaft, die sie sich als Wirkensstätte erwählt haben, werden die Götter verehrt. Denn daß sie sich ihre Landschaften aussuchen und selbst die Plätze bestimmen, an denen ihnen Heiligtümer errichtet werden sollen, wird in vielen Mythen berichtet: So wird z. B. von Apollon gesagt, daß er die Erde und das ganze Meer durchzog, »stand auf des Gebirges weitsichtbaren Höhen, Orte suchend, um dort die Grundlagen heiliger Stätten zu schaffen«.[18] Auch sein berühmtestes Heiligtum, Delphi, hat er sich selbst auserwählt:

16 Vgl. dazu den Aufsatz von K. M. Dietz, in: »die Drei«, 1976, Heft 3, S. 120.

17 op. cit. S. 122.

18 Pindar fr. 32 a (Tusculum-Ausgabe).

»Kamst nach Krisa am Fuß des schneebedeckten Parnassos,
Dort, wo nach Westen er schaut; die Felswand wuchtet darüber;
Doch in der Tiefe zieht sich ein hohles, steiniges Tal hin.
Dort nun wars, daß zum Bau seines lieblichen Tempels der Herrscher
Phoibos Apollon sich entschloß. Da sprach er die Worte:
›Hier gedenke ich wirklich den schönsten Tempel zu bauen.
Stätte der Weissagung werd er den Menschen‹ . . .«[19]

Mit der Landschaft, die er sich so selbst erwählt hat, verbindet der Gott seinen Namen, sein Wesen, seinen Kult für alle Zeiten.[20]
Ein Gott ist also nicht überall zu finden, sondern nur in der Landschaft,

Abb. 2  Die Akropolis von Athen, vom Lykabettos aus gesehen.

19 Homerischer Hymnus auf Apollon 282 f. Übersetzt von A. Weiher.

20 In diesem Zusammenhang ist z. B. ein Vergleich der beiden Heiligtümer von Olympia und Delphi außerordentlich aufschlußreich. Ihre gegensätzliche landschaftliche Lage zeigt sich auch in ihrer Entwicklung, ihrer Bedeutung, ihren Weihgeschenken, ihren Tempeln usw. Vgl. W. H. Schuchhardt, Olympia und Delphi – ein Vergleich, in: Antike Welt 1972, Heft 3, S. 11 ff.

Abb. 3  Die Fundamente des Heratempels am Rande der Argolis.

Abb. 4  Die Akropolis von Lindos auf Rhodos mit dem Athenatempel.

Abb. 5  Der Burgberg von Mykene, auf dessen Gipfel im 7. Jh. v. Chr. ein Athenatempel errichtet wurde.

Abb. 6  Der Gipfel der Burg von Mykene, von Osten gesehen.

Abb. 7  Blick von Mykene nach Argos mit dem Larisaberg (heute Kastro), auf dessen Gipfel sich in klassischer Zeit ein Athenatempel befand. Vgl. Abb. 13.

Abb. 8  Die Festung Palaeokastro (Navarino) bei Pylos, von Nordosten gesehen. In griechischer Zeit befand sich dort ein Athenaheiligtum (Pausanias IV, 36,2).

Abb. 9 Blick vom Athenatempel von Sparta über die Ausgrabungen der antiken Stadt zum Taygetosgebirge nach Westen. Man beachte den weiten Überblick, den man von einem Athenaheiligtum aus gewinnt.

die seinem Wesen verwandt ist. So ist z. B. Hera, eine ursprünglich mütterliche Göttin, immer mit besonders fruchtbaren Ebenen verbunden und ihr Heiligtum meist an deren Rand zu finden (wie das Heraion von Argos (Abb. 3), das Heraion von Samos, das Heraheiligtum an der Selemündung bei Paestum und Paestum selbst). Schon das häufigste Beiwort der Hera, die »Kuhäugige«, deutet an, daß es nicht die intellektuellen Seelenfähigkeiten sein können, die die Göttin vertritt.
Schauen wir uns dagegen die Landschaft Athenas an. Deren Heiligtümer sind immer oben auf einem Berg angelegt. Meist auf einem steinigen, felsigen, unfruchtbaren Kalkhügel, der sich fast immer deutlich aus der Umgebung heraushebt. Dieser Berg wird schon von fernher

Abb. 10  Blick vom Athenatempel auf Aigina, dem sog. Aphaiatempel, nach Norden.

gesehen und gestattet von oben einen weiten Aus- und Überblick. Wegen seiner meist strategisch günstigen Lage – nicht allzu große Höhe, in vielen Fällen auch Nähe zum Meer – befand sich an diesen Orten in mykenischer Zeit oft eine Burg. Bezeichnenderweise ist es aber nie der höchste Gipfel, auf dem die Göttin thront, immer gibt es noch höhere Berge im Umkreis. Auch die Umgebung dieser Heiligtümer entspricht dem Wesen der Göttin. Denn sie liebt vom Menschen kultivierte Gebiete und lebt am liebsten über einer Stadt. Einsame, wilde, unbezwungene Natur ist nicht ihr Bereich (Abb. 2, 4–10).
Sieht man die Landschaft Athenas als Bild an, so zeigt sich deutlich die Beziehung zum Mythos und zu den Seelenfähigkeiten, die die jung-

Abb. 11  Das Apollonheiligtum im Ptoiongebirge in Böotien.

21 Die Münzen Athens zeigen auf der Vorderseite den Kopf Athenas, auf der Rückseite das Bild der Eule.

fräuliche Göttin vertritt. Schon der Mythos ihrer Geburt weist auf den Gipfel (Koryphé), den Scheitel (Koryphé) des Zeus, aus dem sie voll gerüstet entspringt. Ihre Waffen sind für den Nahkampf gefertigt (Lanze, Schild und Helm) und nicht geeignet, ferne Ziele zu erreichen. Diese werden von den Pfeilen Apollons, des »Fernhintreffers« getroffen. Klugheit, Erfindungsreichtum, handwerkliches Können und praktischer Verstand, das sind die Gaben, die die Menschen der Göttin verdanken. Mit ihnen kann man sich einen Überblick verschaffen, das Ziel anvisieren und sich zu einer höheren Lebensstufe erheben. Auch ihr heiliges Tier, die Eule,[21] ist ein Bild für diese Fähigkeiten der Seele, denn sie ist der einzige Vogel, der beide Augen vorne hat und unabhän-

Abb. 12  Der Apollontempel von Korinth. Im Hintergrund der Akrokorinth.

gig vom Licht der Sonne auch nachts gut sehen kann. Athena wird deshalb gern die »Eulenäugige« genannt. Sie erreicht zwar noch nicht den größtmöglichen Überblick – den erreicht nur der Adler des Zeus –, aber sie führt die Seele über das Naturniveau hinaus. Daß eine solche Göttin ihr Heiligtum nicht in einer Wildnis erwählt, sondern in der Nähe von Städten, wo sie den Menschen Kunstfertigkeiten beibringen, deren Klugheit anregen kann, ist wohl verständlich.
Wieder ganz anders ist die Landschaft Apollons. »Jeder Blick von der Höhe, die steilen Zacken der hohen Berge, zum Meere strömende Flüsse sind seine Liebe.«[22] Dort, in felsigen, unfruchtbaren Gebieten befinden sich seine Tempel. »Dieses Land will keiner, es trägt nicht

22 Homerischer Apollonhymnus, 144.

Abb. 13  Blick vom Apollonheiligtum bei Argos (auf dem Aspis) zum Athenaheiligtum auf dem Larisaberg.

Ernten, nicht Wiesen.«[23] Aber im Gegensatz zu Athena ist sein heiliger Ort nie auf dem Scheitel eines Berges angelegt, er liegt immer am Hang, und überall ist ein weiterer Aufstieg möglich. Auch unterscheidet sich diese Lage von der der Athena insofern, als Apollons Heiligtum während des Aufstieges vom Wanderer nicht gesehen werden kann; es liegt versteckt, und man gewahrt es erst, wenn man schon kurz davorsteht. Dann allerdings sprudelt eine Quelle aus dem Berge hervor, an der sich der zu Apollon Kommende erfrischen und reinigen kann. Auch bevorzugt der Gott einsame Gegenden, die sich fern vom Getriebe der Menschen und Städte befinden (Abb. 11–17).

Diese Andeutungen mögen genügen, um den bestehenden Zusam-

23 op. cit., 529.

Abb. 14  Das Musenheiligtum im Helikon. Im Vordergrund der Altar.

menhang aufzuzeigen. Je genauer der Charakter einer Landschaft erfaßt wird, um so genauer läßt sich der Charakter eines Gottes erkennen. Es sagt z. B. über den Unterschied zwischen Apollon und Athena viel aus, daß ein Tempel der Göttin immer schon von weitem sichtbar ist – der Wanderer sieht, wohin er geht –, der Apollon-Tempel dagegen erst bemerkt wird, wenn man davorsteht, das Ziel also erst dann aufleuchtet, wenn man den Weg schon eine große Strecke gegangen ist.

Für sich allein genommen hat ein griechisches Heiligtum, auch wenn in ihm ein Tempel errichtet wird, keine Bedeutung. Diese gewinnt es vielmehr erst durch seinen Zusammenhang mit der Natur, der von

Abb. 15   Blick auf den Apollontempel von Bassä, von Nordosten.

seiner Lage bestimmt wird. Durch diese künstlerische Tat geht der Grieche über die Natur hinaus, bildet sie weiter und vollendet sie, indem er ihr Wesen und ihren Sinn durch die Gestaltung des Ortes zur Darstellung bringt.

Das Verflochtensein des griechischen Tempels und seines Gottes mit der ihn umgebenden Landschaft kann auch heute noch von sensiblen Naturen gespürt werden: »Überraschend ist, wie an einem solchen ... Ort sich die Landschaft auf einmal gleichsam erschließt, da sie einen sinngemäßen Mittelpunkt erhalten hat. Und es ist umgekehrt bemerkenswert, wie das antike Bauwerk ... durch die Landschaft ergänzt wird und in seinem landschaftlich umschriebenen Wirkungsbereich zu

Abb. 16  Blick auf das Heiligtum des Apollon-Maleatas bei Epidauros, von Osten.

einem Sinn gelangt, der über den praktischen Zweck des Gebäudes hinaus geht: es wird gleichsam zum Schlüssel der von ihm aus erfaßbaren Welt. ... Die griechischen Götter selbst ..., auch sie haben, gerade als geistige Gestalten, eine eigentümliche Beziehung zur Landschaft. Von ihren Tempeln aus gesehen, ordnet sich diese zu einem sinnvollen Ganzen ... und in der Göttergestalt erhellt sich dieser Sinn.«[24]

Wie stark der frühe Grieche von der ihn umgebenden Landschaft beeinflußt wird, kommt wohl nirgends deutlicher zum Ausdruck als in der Schrift des Hippokrates »Von der Umwelt«. Was da in der Mitte des 5. Jahrhunderts v. Chr. an Beobachtungen zusammengetragen wird, zeigt auf außerordentlich schöne Weise, wie deutlich der jetzt

24 K. Kerényi, Apollon, Düsseldorf 1953, S. 102.

schon bewußte Wissenschaftler die geschilderten Zusammenhänge sieht. Um die gesunde und kranke physische Konstitution des Menschen zu verstehen, wird die Natur, die Umwelt, in der der Mensch lebt, genauestens beobachtet. Da wird die den Menschen umgebende Luft erforscht, welche Winde wehen und zu welchen Jahreszeiten, welches Klima in einer Landschaft oder in einem ganzen Lande herrscht, welche Temperaturen, Niederschläge, Lichtverhältnisse auf den Bewohner bestimmter Orte einwirken; da wird das Wasser untersucht, woher es kommt, aus welchen Quellen es strömt und in welcher Himmelsrichtung diese liegen; da wird der Boden nicht nur in geologischer und mineralogischer, sondern auch in morphologischer Hinsicht, d.h. der Gestalt seiner Oberfläche nach, beachtet. Denn »es geschieht jedes Ding gemäß der Natur«.[25] Dies alles muß ein Arzt bedenken, »wenn er die Heilkunst in der rechten Weise ausüben will … Denn wenn einer dies alles gut im Kopfe hat, am besten all dieses oder doch das meiste, dann dürfte ihm wohl nichts entgehen, wenn er in eine ihm unbekannte Stadt kommt. … Dann wird er bei der Behandlung der Krankheiten nicht ratlos sein und keine Fehler bei seinen Verordnungen machen, was eintreten würde, wenn einer diese Grundsätze nicht schon vorher begriffen … hat.«[26]

Einer solchen Anschauung des Menschen liegt ein feines Gespür für die Lebensvorgänge der Erde zugrunde. Denn ebenso wie die Gestalt einer Pflanze von ihrer Art und von ihrem Standort bestimmt wird, so wird auch der Organismus des Menschen von seiner Abstammung und von der Umwelt, in der er lebt, bestimmt. Diese aber umfaßt den ganzen Kosmos mit allen Gestirnen. Denn der Arzt hat einzusehen, »daß die Sternkunde keinen geringen Teil zur Heilkunst beiträgt, sondern vielmehr einen ganz bedeutenden«.[27] Der Organismus des Menschen ist in das Weltganze, den Makrokosmos, eingebunden. In beiden existieren dieselben Stoffe, wirken dieselben Gestirne, gelten dieselben Gesetze. Das Einzelne wird im Ganzen und das Ganze im Einzelnen geschaut. –

Damit wird wieder deutlich, wie stark das Seelenleben des Griechen nach außen gerichtet ist und wie wach er die Umwelt mit all ihren Phänomenen aufnimmt. Sein Blick ist auf das Ganze gelenkt, und Ein-

Abb. 17 Das Apollonheiligtum von Delphi, von Westen gesehen. Vgl. auch Abb. 66 und Abb. 69.

25 Hippokrates, Von der Umwelt, c. 22. (Übersetzt von W. Capelle).
26 op. cit. c. 2.
27 op. cit. c. 2.

zelheiten interessieren ihn nur insofern, als er sie in eine Ganzheit eingliedern kann. Diese Haltung liegt auch der griechischen Philosophie zugrunde, die jetzt bewußt zu entwickeln versucht, was träumende Seelen noch spürten: Nur im Zusammenhang mit der Umwelt kann ein Organismus leben. Trennt man ihn von ihr ab, löst ihn aus der Natur, zu der er gehört, heraus, so stirbt er.

Das gilt für alle Bereiche der griechischen Kultur gleichermaßen. Wir brauchen nur an die Lage der sportlichen Wettkampfstätten zu denken, die sich immer in freier Natur befinden, oder an die griechischen Theater zu erinnern, die in die Landschaft eingebettet sind, wie zu ihr gehörig, und die den Blick des Zuschauers weit hinaus ins Freie lenken (Abb. 18). Jede Tragödie spielt sich auf dem Hintergrund der wirklichen Landschaft ab. Ja, manches Drama ist so intensiv mit ihr verwoben, daß sie als realer Bezug in den Gang der Handlung eingebunden ist. So hat z.B. Sophokles im »Ödipus auf Kolonos« den Hain der Eumeniden als Schauplatz gewählt, dessen Zauber das Publikum, da es den heiligen Hain des Dionysos direkt vor Augen hatte, unmittelbar miterleben konnte.[28] »Untersuchungen über die Requisiten des dramatischen Spiels haben gezeigt, wie sehr die Bühne der Attiker vom Realismus bestimmt ist ... Euripides bindet bei der Exposition häufig den Ablauf der dramatischen Ereignisse an das real gegebene ›Licht dieses Tages‹, an ein Phänomen, auf das man mit der Hand hinweisen kann.[29] Die Sonne am Himmel gehört für den Dramatiker zur Skene, sie spielt mit. Dagegen findet man in keinem Drama des fünften Jahrhunderts ein Spiel der Nacht.«[30] Ja, bei manchen »Eingängen von Dramen, in denen der Wechsel vom Dunkel der Nacht zum hellen Tage ausdrücklich erwähnt wird,[31] wird man mit Sicherheit die Folgerung ziehen dürfen, daß die Dramen ›erste Stücke‹ sind, deren Aufführung vor Sonnenaufgang begann, in denen während des Prologs der Himmel sich rötete und während der Parodos der Feuerball der Sonne sichtbar wurde«.[30] Der Organismus der Spiele,[32] deren Aufführung den ganzen Tag dauerte, ist noch mit der Umwelt verbunden und mit der Bewegung des ganzen Kosmos im Einklang.

Diese wenigen Beispiele mögen genügen, um auf das Gespür der Griechen für den lebendigen Zusammenhang eines Organismus mit der

Abb. 18 Das Theater von Epidauros.

28 S. Melchinger, Das Theater der Tragödie, München 1974, S. 6 f.

29 Vgl. Alkestis 20, Hekabe 44, Hippolytos 57, Orestes 48, Phaethon 51 (Fr. 773 Nauck).

30 H. W. Schmidt, Die Struktur des Eingangs, in: Die Bauformen der Tragödie, hrsgg. von W. Jens, München 1971, S. 38.

31 Aischylos: Agamemnon 22, Sophokles: Aias 15, 141, Antigone 16, 100–105, Elektra 17–19, 86–91, Euripides: Iphigenie in Aulis 6–11, 156–159, Elektra 54, 78, 90, 102, 141, Ion 82–90.

32 Vgl. dazu Aristoteles, Poetik 1459a 20 und S. 76.

Welt aufmerksam zu machen. Dabei sei mit dem Wort »Organismus« auf ein Phänomen gedeutet, das geradezu zum Schlüssel für die griechische Kultur werden kann. Denn dem Griechen ist alles noch lebendig und beweglich. Die Welt des Toten, des Festen, des Unbeweglichen, interessiert ihn nicht.

Damit haben wir ein Phänomen berührt, das uns, wenn auch zart und subtil, so doch deutlich auf das Seelengebiet hinweist, in welchem die griechischen Götter erlebt werden. Wenn sich in der lebendigen Gestalt der Landschaft das Wesen des Gottes offenbart, dann muß das Bewußtsein von dieser Tatsache in der Wahrnehmung des Menschen aufleuchten, *während* er die lebendige Umwelt beobachtet. Dieser Vorgang kann auch vom heutigen Menschen wieder bewußt erlebt werden, wenn er, wie schon Hippokrates rät, die Landschaft möglichst vollständig beobachtet und die eigene Tätigkeit, die beim Wahrnehmen der Landschaft unbewußt abläuft, durch waches Beobachten zu erfassen versucht. Dieser »Ausnahmezustand« wird vom frühen Griechen jedoch wie träumend vollzogen, weshalb er im Sinneserleben das Dasein des Gottes mitgespürt hat. Nicht der Bereich von Freude und Schmerz, von Lust oder Leid ist es also, in dem die griechischen Götter erlebt werden,[33] sondern es ist das Gebiet des Lebens, des natürlichen Drinnenstehens in der Welt, in dem sie wirksam sind (Abb. 19). Von daher wird uns auch verständlich, warum die Griechen ihren Leib so überaus schätzen. Denn durch die Entwicklung, die Bildung und die Schönheit dieser menschlichen Gestalt können sie selbst das Wirken der Götter erfahren.

---

33 Bis in die klassische Zeit ist an keiner Statue eine Gefühlsregung zu bemerken. Selbst in den wildesten Kampfszenen wird der Ausdruck des Schmerzes nicht dargestellt. Vgl. z. B. den Kopf der von einem Kentauren ergriffenen Braut im Westgiebel des Zeustempels in Olympia.

Abb. 19  Das Gesicht der Braut, die gerade von einem Kentauren geraubt wird, aus dem Westgiebel des Zeustempels von Olympia. Man beachte den vom dramatischen Geschehen völlig unberührten Ausdruck des Gesichtes.

# Der klassische dorische Tempel

Abb. 20  Blick von Nordosten auf die Ruinen der beiden Heratempel von Paestum. Im Vordergrund der »Poseidontempel«, dahinter die »Basilika«.

Die Freundschaft zwischen Schiller und Goethe wird durch einen Brief Schillers (vom 23. August 1794) eingeleitet, in dem er das Wesen Goethes folgendermaßen zu charakterisieren versucht: »Sie nehmen die ganze Natur zusammen, um über das Einzelne Licht zu bekommen, in der Allheit ihrer Erscheinungsarten suchen Sie den Erklärungsgrund für das Individuum auf. Von der einfachen Organisation steigen Sie, Schritt vor Schritt, zu den mehr verwickelten hinauf, um endlich die verwickeltste von allen, den Menschen, genetisch aus den Materialien des ganzen Naturgebäudes zu erbauen. Dadurch, daß Sie ihn der Natur gleichsam nacherschaffen, suchen Sie in seine verborgene Technik einzudringen. Eine große und wahrhaft heldenmäßige Idee, die zur Genüge zeigt, wie sehr Ihr Geist das reiche Ganze seiner Vorstellungen in einer schönen Einheit zusammenhält. ... Wären Sie als ein Grieche geboren worden, und hätte schon von der Wiege an eine auserlesene Natur und eine idealisierende Kunst Sie umgeben, so wäre Ihr Weg unendlich verkürzt, vielleicht ganz überflüssig gemacht worden. ... Nun, da Sie ein Deutscher geboren sind, da Ihr griechischer Geist in diese nordische Schöpfung geworfen wurde, so blieb Ihnen keine andere Wahl, als entweder selbst zum nordischen Künstler zu werden, oder Ihrer Imagination das, was ihr die Wirklichkeit vorenthielt, durch Nachhülfe der Denkkraft zu ersetzen und so gleichsam von innen heraus und auf einem rationalen Wege ein Griechenland zu gebären.« In dieser Charakterisierung erkennt sich Goethe wieder. Denn seine Bemühungen kreisen immer und immer wieder um das (ureigentlich griechische) Problem, wie das innere Leben der Natur bewußt erfaßt werden kann. Am Ende seines Lebens dichtet er seine Gedanken in den Spruch *Epirrhema*:

»Müsset im Naturbetrachten
Immer eins wie alles achten;
Nichts ist drinnen, nichts ist draußen:
Denn was innen, das ist außen.
So ergreifet ohne Säumnis
Heilig öffentlich Geheimnis.«

Diesen Wahrspruch sollten wir im Bewußtsein behalten, wenn wir uns nun dem griechischen Tempel zuwenden, denn Goethe spricht hier auf »rationalem Wege« aus, was im griechischen Tempel seine künstlerische Gestaltung empfangen hat.

Der Ort, an dem sich das Wesen des Gottes am klarsten ausspricht, wird zunächst von einer niedrigen Mauer umschlossen und damit genau bezeichnet. Ein heiliger Bezirk, ein *Temenos,* ist entstanden. In ihm wird unter freiem Himmel ein Altar errichtet, an dem die Gottheit dieser Landschaft durch Opfer verehrt werden kann. Dazu bedarf es keines Tempels. Denn der Gott lebt in der Welt, und wer sich ihm nähern will, muß sich hier, am heiligen Ort, der Welt verbinden. Selbst noch in klassischer Zeit wissen wir von mehr als einem bedeutenden Heiligtum, das nur aus dem an heiliger Stätte errichteten Altar besteht. Zusätzlich kann dann ein solches Heiligtum mit einem Tempel geschmückt werden. Wozu dient dieser Tempel dann?

Der merkwürdigen Bedeutungslosigkeit für den Kult – das Opfer am Altar wird mit dem Rücken zum Tempel vollzogen – stehen andererseits die überaus sorgfältige Ausführung des Baues und die Schönheit seiner Gestalt gegenüber. Dieser Widerspruch ist nicht leicht aufzulösen. Schon immer ist bemerkt worden, daß der Grieche in seinem Wort für Tempel (Naos) das »Wohnen« der Gottheit beschreibt. Aber ist dieser Begriff identisch mit dem Sinn, den *wir* bei diesem Wort verstehen? Karl Kerényi hat zu zeigen versucht, inwiefern gerade die Griechen ein völlig anderes Verständnis dieses Wortes gehabt haben müssen: Denn »Naos kommt in den griechischen Texten nie für eine menschliche Wohnung vor, es klingt in ihm ewas Besonderes, den Göttern Vorbehaltenes an«.[34] Aber was ist das? Das Wort ist mit dem Wort für Schiff, naûs,[35] verwandt. Da bedenkt Kerényi, was das

34 K. Kerényi, Antike Religion, München/Wien 1971, S. 274 f.

35 Im Lateinischen navis.

Gemeinsame eines Schiffs und eines griechischen Tempels ist, nämlich »daß beide die Werke von *tektones andres*, von klug konstruierenden Meistern sind. *Naus* war eine Konstruktion für Menschen, zur vorübergehenden Besitzergreifung des Meeres, *navos*[36] eine Konstruktion auf jenen Stellen, von denen die Götter auf eine ausgezeichnete Weise Besitz ergriffen.«[34] Tönt nicht auch hier wieder an, was schon die geographische Lage Griechenlands im Bilde zeigte? Wird nicht auch hier wieder auf die Ausgedehntheit des beweglichen Elementes verwiesen, das die Kontinente, die festen Gebilde, miteinander verbindet? Denn da, auf und in diesem Elemente, »wohnen« die Götter! Und der Tempel ist nur das Schiff, das die Weiten der Welt erfährt, das Instrument, das die Verbindung zur Außenwelt realisiert.

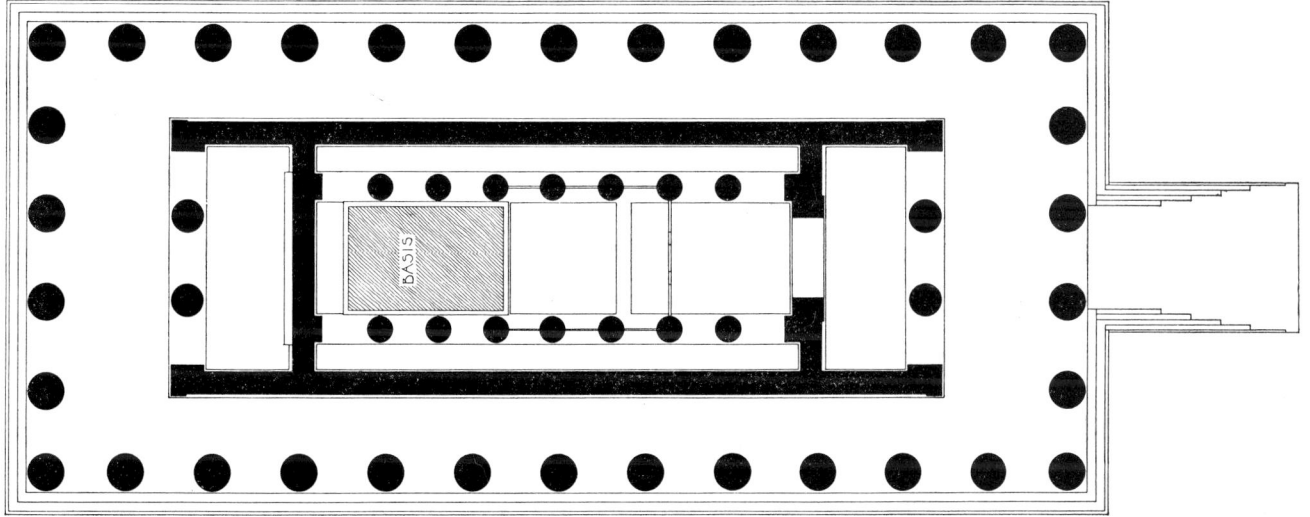

Fig. 2  Grundriß des Zeustempels von Olympia mit der eingezeichneten Basis des Kultbildes.

Das, was sich aus der Wortbedeutung für den griechischen Tempel ergibt, schließt sich zusammen mit dem, was wir an der Lage des Heiligtumes beobachten können. Immer wieder wird uns gezeigt, wie wenig wir eigentlich ein solches Bauwerk begreifen können, wenn wir nicht gleichzeitig versuchen, die Beziehung zum Umraum mit zu erfassen.

Was vom Tempel als Ganzem gilt, gilt auch für die Statue des Gottes, die er umhüllt. Auch dieses Bild ist nicht der Gott, es kann aber wieder

36 navos = andere Form für naos, aus einer Inschrift auf Delos für die Spartaner.

43

Abb. 21 Blick nach Süden in den Umgang zwischen Peristasis und Pronaos (mit den zwei Säulen zwischen den Anten) vom sog. Poseidontempel in Paestum.

Abb. 22 Schnitt durch einen Tempel. Modell des Aphaiatempels von Aigina in der Glyptothek in München.

als Kristallisationspunkt, als Spiegel für das sich »außen« befindende Wesen des Gottes betrachtet werden. Schon in seiner Orientierung nach Osten, der Richtung der aufgehenden Sonne, kommt dies zum Ausdruck. Denn wenn auch der Opfernde mit dem Rücken zum Tempel steht, so blickt doch auch er nach Osten. Bild und Mensch sind so über die Umwelt auf den Gott bezogen.

Der Kern des Tempels ist die Statue des Gottes. Dieses Bild wird von einem Raum umhüllt, der normalerweise dunkel und lichtlos ist, auch meistens verschlossen gehalten wird. In seinem Namen, Adyton, das Unzugängliche, kommt diese Verschlossenheit zum Ausdruck. Doch umschließt er kein Geheimnis. Denn während des Opfers am offenen Altar sind die Flügel seiner Türen geöffnet, so daß das Götterbild die Welt erblicken kann. Nur bei ganz wenigen Tempeln ist es möglich, diesen Innenraum zu betreten,[37] aber auch nur dann, wenn eine bestimmte Praxis dies erfordert, wie z. B. bei der Orakelgebung im Apollontempel von Delphi, oder wenn ein weithin berühmtes Gottes-

37 Gesammelt von P. E. Corbett, in: Univ. of London, Institute of Classical Studies, Bull, 17/1970, p. 149–158.

Abb. 23 Mittelschiff der Cella nach Osten. Sog. Poseidontempel in Paestum.

38 Zum Versuch, die Einzelformen des griechischen Tempels aus einer rekonstruierten »Königshalle« herzuleiten, vgl. H. Richard, Vom Ursprung des dorischen Tempels, Bonn 1970.

bild die Besucher anzieht, wie der Zeus des Phidias im Tempel von Olympia.

Die Entwicklung des griechischen Tempels geht von dem aus mykenischer Zeit übernommenen Herrenhaus aus.[38] Der Grundriß der Cella weist noch in klassischer Zeit auf diese Herkunft. Es ist ein rechteckiger Raum, dessen Achsen normalerweise nach den Himmelsrichtungen orientiert sind. Seine vorgezogenen Längswände bilden vorn und hinten offene Hallen, mit je zwei Säulen zwischen den Eckpfeilern (Anten). Seit dem siebten Jahrhundert kann diese Cella dann von einem Säulenkranz, der Peristasis, umgeben werden, die bei keinem bedeutenden klassischen Tempel fehlt. Denn diese Ringhalle ist es, die

Abb. 24  Blick in den Cella-Raum mit der zweigeschossigen Säulenreihe. Sog. Poseidontempel in Paestum.

für das Empfinden des Griechen das Haus des Gottes erst zum Tempel erhebt. Es ist »die für Jahrhunderte wirksame Grundidee der griechischen Architektur. Das Ausprägen und Auswägen der Spannung zwischen Cella und Peristasis, zwischen geschlossenem, kantigem Kern und durchsichtig gegliedertem Säulenkranz, zwischen Körper und Kleid, ruhendem Zentrum und rhythmischem Reigen, ist fürderhin ihr eigenstes Thema.«[39] Noch bis ins dritte Jahrhundert darf kein profaner Bau mit einer solchen Halle geschmückt werden.

Der Raum der Cella selbst wird durch zwei Säulenreihen in drei Schiffe geteilt. Da die Proportionen der Säulen ungefähr feststehen, aber der Cella-Innenraum höher ist als der Umgang, hat man, um nicht gewal-

39 G. Gruben, Die Tempel der Griechen, München 1976², S. 32.

tige Säulen in diesem Innenraum aufstellen zu müssen, eine zweigeschossige Lösung entwickelt (Abb. 22–24). Die wohlproportionierten Säulen tragen einen Architrav, auf dem wiederum kleinere Säulen stehen, die die Verjüngung der unteren Säulen nach oben organisch fortsetzen. Es ist, als wüchsen die Schäfte des unteren Geschosses durch den auf ihnen liegenden Architrav hindurch, um sich mit denen des oberen Geschosses zu einem Ganzen zu verbinden. Ab der Mitte des 5. Jahrhunderts kann die innere Säulenreihe auch noch hinten um das Kultbild herumgeführt werden, so daß fast eine innere Ringhalle entsteht – eine würdige plastische Umhüllung des Gottesbildes. In der Folgezeit wird dieser Innenraum allmählich immer eigenständiger erlebt, wird daher größer und weitet sich, verliert aber langsam seine kräftige plastische Gliederung.

An diesem Grundriß (Fig. 2) fällt als erstes die fast völlige Symmetrie aller Bauteile auf. Die einzige »Störung« dieser Symmetrie ist der einseitige Eingang zur Cella, der durch die Ausrichtung des Gottesbildes nach Osten bedingt ist. Der Vorhalle (Pronaos) entspricht die symmetrisch dazu liegende Rückhalle (Opisthodom), die keine Verbindung mit dem Innenraum hat. Denn dem Bilde des Gottes hätte man sich wohl kaum von hinten nähern können. Durch diese Symmetrien liegt der Grundriß völlig klar und überschaubar vor dem Betrachter. Von vorne wie von hinten ist der Anblick des griechischen Tempels derselbe, so daß der Beschauer ihn immer ganz im Bewußtsein hat. Er überrascht nicht durch unbekannte und unsichtbare Räume und birgt kein Geheimnis, das nicht offenbar vor aller Augen läge. Wie bedeutsam diese Offenheit ist, kommt erst durch den Vergleich mit ägyptischen Tempeln zum Bewußtsein. Deren total dichte Mauer nach außen – ohne Öffnung zur Welt, mit versperrten, bewachten Pforten – und deren Fülle verborgener und dunkler Räume gehören einer gänzlich anderen Welt an.

Im Aufriß ist der griechische Tempel dreigliedrig: Er wird von einem *Stufenunterbau* (Krepis) aus drei Stufen getragen, der ihn aus der profanen Welt heraushebt und ihn, wie ein Weihgeschenk, auf eine eigene Basis stellt. Weihgeschenke, die normalerweise auf eigenem Sockel stehen, können auch ohne einen solchen direkt auf der obersten Stufe

Fig. 3 Aufriß des Parthenon von der Athener Akropolis.

der Krepis, dem Stylobat, zwischen den Säulen der Ringhalle aufgestellt werden.[40] Manche Tempel haben zwischen den Säulen der Peristasis sogar flache, plattenartige Erhebungen, die wie Sockelplatten gearbeitet sind.[41] Der Stufenbau selbst ruht auf dem Fundament, das aber ein wenig über die ursprüngliche Bodenhöhe hinausragt. Eine Erdaufschüttung bildet den ausgleichenden Übergang zum ursprünglichen Niveau. Die Tempel sehen daher alle aus, als ob sie auf flachen Hügeln errichtet wären (Abb. 26). Da die meisten Tempel heute »ausgegraben« sind, sind diese Hügel abgetragen worden und viele Tempel sehen jetzt aus, als ob sie auf vier Stufen ständen. Diese vierte Stufe gehört aber meist zum ehemals verdeckten Fundament.

40 Wie aus den Standspuren der Statuen am Zeustempel von Olympia und an andern Tempeln hervorgeht.

41 z. B. Paestum, »Poseidontempel«. Vgl. Abb. 25.

Abb. 25 Sockelplatte zwischen Säule und Ante am sog. Poseidontempel von Paestum.

Abb. 26 Sog. Poseidontempel in Paestum von Südosten, auf flacher Hügelaufschüttung.

Unmittelbar auf dem Stylobat erheben sich, wie stets bei der dorischen Säulenordnung, die Säulen der *Ringhalle*. Diese sind in Griechenland immer kanneliert. Die Kanneluren sind konkave Rillen, die in die aus Trommeln aufgemauerten Säulen eingeschnitten werden. Auf zweierlei Art kann dies geschehen. Entweder schneidet man flache Rillen ein, die zueinander scharfe Grate bilden (dorische Säule, Fig. 4a), oder man arbeitet tiefe Rillen aus dem Schaft heraus und läßt zwischen ihnen schmale Stege der ursprünglichen Oberfläche stehen (ionische Säule, Fig. 4b). Je nach Größe der Säule werden 16, 20 oder 24 solcher Kanneluren angebracht. Der Säulendurchmesser nimmt nach oben, zum Kapitell hin, ab. Die Abnahme erfolgt jedoch nicht gleichmäßig, son-

Fig. 4   Querschnitt durch eine dorische Säule (oben) und eine ionische Säule (unten).

Abb. 27   Säulen der sog. Basilika in Paestum, mit deutlicher Entasis.

Fig. 5  Dachfirst mit Deckziegelpalmetten vom Aphaiatempel in Aigina (nach Ohly).

Abb. 28  Rekonstruiertes Modell (mit Akroteren und Giebelfiguren) des Aphaiatempels von Aigina. Ansicht von Osten. München, Glyptothek.

dern in einer gespannten Kurve, der sogenannten Schwellung (Entasis). Die Rillen machen die Entasis mit, so daß die fertige und von der Sonne beleuchtete Säule lauter scharfe Kanten zeigt, die in verschiedenen flachen Kurven verlaufen (Abb. 27).

Die Säulen der Ringhalle tragen das Gebälk, das beim dorischen Tempel aus dem Architrav und dem auf ihm liegenden Triglyphen-Metopenfries besteht. Auf diesem liegt dann das Dach auf, das an den Schmalseiten des Tempels das *Giebeldreieck* ausspart. Das Dach selbst gliedert sich durch eine Fülle von Ornamenten, die mit den Stirn- und Firstziegeln verbunden sind (wie z. B. Palmetten), nach oben auf (Fig. 5). Die Rahmung des Giebels (Geison) und die Traufleiste (Sima)

Abb. 29　Athen, Akropolis. Parthenon Ostseite.

Abb. 30　Athen, Hephaisteion, Ansicht von Westen.

Fig. 6  Das Firstakroter des Ostgiebels vom Aphaiatempel in Aigina (nach Ohly).

Abb. 31  Paestum, sog. Poseidontempel von Osten.

42 Vgl. C. Praschniker, Zur Geschichte des Akroters, Prag 1929; K. Volkert, Das Akroter in der antiken, besonders der griechischen Baukunst, 1. Teil, Düren 1932.

43 Andere Entführungen: Zeus den Ganymed, Eos den Kephalos. Vgl. U. Wester, Die Akroterfiguren des Tempels der Athener auf Delos, Diss. 1969, S. 97.

44 H. Gropengießer, Die pflanzlichen Akrotere klassischer Tempel, Mainz 1961.

des Daches werden mit gemalten, farbigen Friesen geschmückt (Abb. 41). Über der Mitte des Giebels und an dessen Enden erheben sich die Akrotere[42] in den Himmel, Gebilde geometrischer, pflanzlicher oder figürlicher Art. Beim klassischen Tempel sind es meist stark bewegte Figuren, deren mythische Herkunft mit dem Bereich der Luft zusammenstimmt (geflügelte Niken, Sphingen, Aurae) und die gerade in dem Moment dargestellt sind, in dem sie das Element des Irdischen (den Tempel selbst) oder des Wässrigen berühren. Ist diese Berührung heftig, so wird sie gern als Raub verbildlicht, z. B. der Raub der Nereide Oreithya durch den Nordwind Boreas.[43] Statt der Figuren können aber auch kunstvolle pflanzenartige Gebilde den Übergang des Giebeldreiecks in den Luftraum herstellen[44] (Fig. 6–8).

Die heute noch stehenden Ruinen der griechischen Tempel haben in keinem Fall ihr ursprüngliches Dach und ihre Akrotere bewahrt. Deshalb sehen sie alle so aus, als ob ihr Giebel oder ihr Dach oben abgeschnitten wäre. Den ursprünglichen Abschluß nach oben muß man

Fig. 7   Firstakroter vom Parthenon (sog. Parthenon A) (Rekonstruktionsversuch von Gropengießer).

Fig. 8   Firstakroter vom Parthenon (sog. Parthenon B) (Rekonstruktionsversuch von Gropengießer).

sich jedoch als eine stark gegliederte, sehr bewegte, sehr farbige Übergangszone zum Himmel vorstellen (Abb. 28–31).

Keines der Elemente, Stufenunterbau, Säulenhalle und Giebeldreieck, durfte an Profanbauten Verwendung finden. Denn durch sie wird der Bau über seinen gewöhnlichen Anschein hinausgehoben. Erst als man anfing, die Paläste hellenistischer Könige, die sich ja als Gott verehren ließen, auch bei privaten Bauten zu kopieren, wurden diese Bauformen ihres heiligen Charakters entkleidet. Aber selbst noch Cicero empfand es als Anmaßung, daß Caesar, obwohl er sich nicht wie ein hellenistischer König als Gott verehren ließ, den Eingang seines Hauses mit dem göttlichen Giebeldreieck geschmückt hatte.

Der Sinn dieses Aufbaus wird erst deutlich durch den plastischen Schmuck an den einzelnen Bauteilen. Am Außenbau begegnet er uns vor allem in den vollplastischen Giebelfiguren. Was da in dem heiligen

Fig. 9 Rekonstruktion des Ostgiebels des Zeustempels von Olympia (nach Grunauer, aus »100 Jahre deutsche Ausgrabung in Olympia«, München 1972). Vorbereitung zum Wagenrennen zwischen Pelops und Oinomaos. In den beiden Giebelecken die Flußgötter von Olympia.

Dreieck, das schon seit jeher als Symbol des Göttlichen verstanden wurde, an Figurenkompositionen dargestellt wird, ist immer dem Sagenschatz der Götterwelt entnommen. Welcher Mythos aber schließlich aus der Fülle der Erzählungen ausgewählt und plastisch ausgestaltet wird, hängt ab von der Lage des Heiligtums. Denn nur der

Abb. 32 Hestia, Dione und Aphrodite aus dem Ostgiebel des Parthenon.

dort tatsächlich erlebte Gott kann, mit der Umgebung im Einklang, an vornehmster Stelle diesen Zusammenhang aufzeigen. Der Wettkampf zwischen Athena und Poseidon um das attische Land am Westgiebel des Parthenon (Fig. 10), die Epiphanie des Apollon mit seinen Musen in Delphi, die Vorbereitungen zur Wettfahrt zwischen Pelops und

Fig. 10  Rekonstruktion (nach Berger) des Westgiebels des Parthenon. Der Streit zwischen Athena und Poseidon um das attische Land.

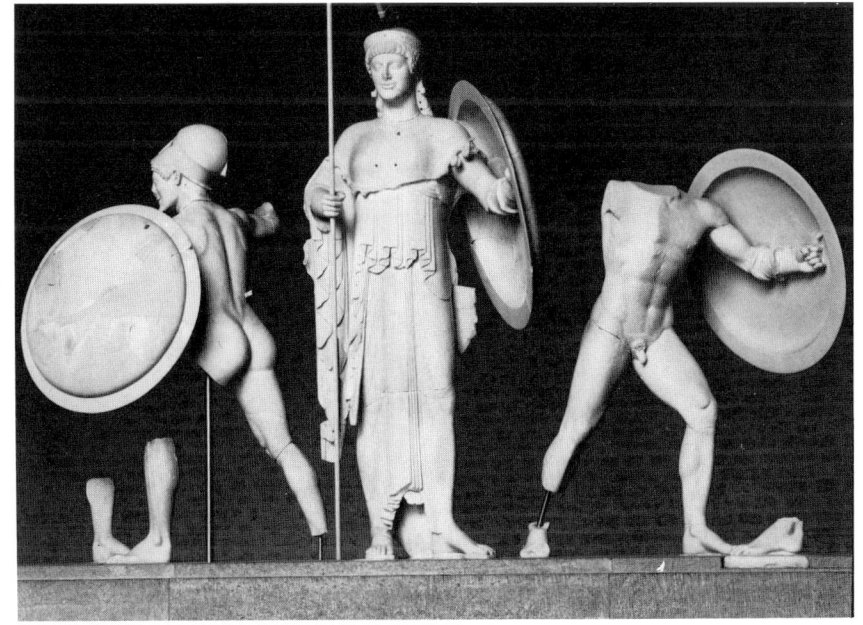

Abb. 33  Die Mittelfiguren aus dem Westgiebel des Aphaiatempels von Aigina: Athena und zwei Kämpfer im Kampf um Troja. München, Glyptothek.

Abb. 34 Metope vom Parthenon. Kampf gegen einen Kentauren, der eine Hydria schwingt (unbekannte attische Lokalsage). London, Brit. Museum.

Abb. 35 Reiter aus dem Panathenäenfestzug, vom Parthenon-Nordfries. London, Brit. Museum.

Abb. 36 Schreitende Mädchen an der Spitze des Panathenäenfestzuges. Vom Parthenon-Ostfries. (Platte VII) Paris, Louvre.

45 In einzelnen Fällen sind die Säulen sogar direkt durch menschliche Gestalten ersetzt worden, durch Koren (Erechtheion, Abb. 38) oder Atlanten (Agrigent). Auch die Namen der einzelnen Elemente der Säule sind von der menschlichen Gestalt entlehnt; vgl. S. 96.

Oinomaos im Beisein des Zeus in Olympia sind nur die bekanntesten Beispiele (Fig. 9).

So wie der Giebel als ein Bild der göttlichen Welt erscheint, so ist der Säulenkranz als ein Bild des menschlichen Bereichs aufzufassen. Denn die Säulen repräsentieren Menschen,[45] Menschen, die zusammenstehen und gemeinsam die Götterwelt tragen. Diese wiederum braucht die Menschen, um zu erscheinen. Beide Welten werden durch die »Halbgötter«, die großen Heroen der Griechen, vermittelt. Dementsprechend haben die Bilder ihrer Taten ihren Platz zwischen dem Giebel und den Säulen, in den Metopen beim dorischen Tempel oder im Fries beim ionischen Tempel. Der ganze Tempel ist also hierarchisch

Abb. 37 Kentauren überfallen die Lapithen, die sich bei einem Artemisheiligtum befinden. Die eine der bedrängten Lapithinnen umklammert das Kultbild der Artemis, die andere scheint um Hilfe zu rufen. Platte (H4–524) vom Fries des Apollontempels in Bassä. London, Brit. Museum.

46 Z. B. das Friesband mit der Darstellung des Panathenäenfestzuges um die Cella des Parthenon auf der Akropolis. Vgl. Abb. 35–36.

gegliedert: zuunterst die Menschen, über ihnen die Halbgötter und über diesen die Götter (Fig. 11). Nur die Sphäre der Götter wird vollplastisch gebildet, die Heroen in Fries und Metopen werden nur in hohem Relief, die seltenen Darstellungen aus dem menschlichen Bereich[46] in flachem Relief geschaffen. In der plastischen Einbindung oder Befreiung vom Hintergrund wird also auch wieder die hierarchische Ordnung der Welt sichtbar: Erst die Götter sind wirklich selbständige Wesen, die Menschen dagegen haben sich noch kaum vom Untergrund abgehoben. Die Heroen nehmen die Mitte ein. Auch für die Auswahl der Mythen der Heroen und die Wahl des Themas aus dem Bereich der Menschen gilt das schon vorher von den Göttern Gesagte: Immer ist ein Bezug zu der den Tempel umgebenden Landschaft festzustellen! Es werden nicht einfach Sagen ausgewählt und abgebildet, sondern Sagen und Mythen, die an dem Ort, an dem sie dargestellt werden, auch geschehen sind oder immer weiter geschehen (z. B. Panathenäenfestzug am Parthenon). Das Charakteristikum des

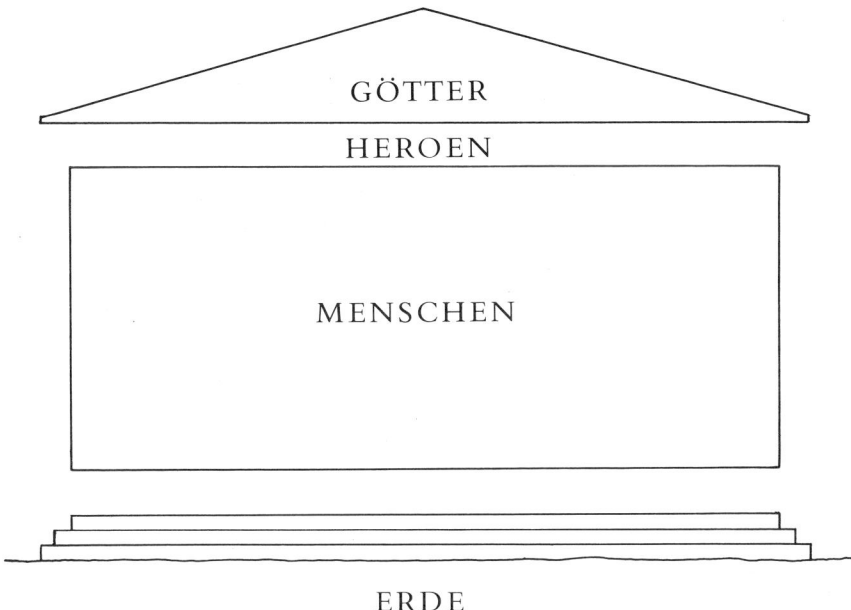

Fig. 11 Hierarchischer Aufbau des griechischen Tempels.

Mythos ist es ja gerade, daß er in keiner bestimmten Zeit stattfindet, sondern, da es sich um Bilder für seelische oder geistige Vorgänge handelt, immer wieder realisiert werden kann und muß.[47] Der Mythos wird so erzählt, wie er an diesem betreffenden Ort eben geschildert werden muß und wie man ihn in den Zusammenhängen, die dort schon bekannt sind, auch verstehen kann. Griechenland kennt ja keine fest-geschriebene Buchreligion. Die Grundmotive der griechischen Mythen werden immer neu erzählt, in immer neue Zusammenhänge gestellt, immer wieder aktualisiert. Daß das Ergebnis eine Fülle von zeitlich und geographisch verschiedenen Varianten ist, hängt eben mit dieser Lebendigkeit der Motive zusammen.[48] Es ist deswegen in keiner Weise verwunderlich, wenn nicht nur in der Lage des Tempels, sondern auch in den Motiven, die dem plastischen Schmuck der Tempel zugrunde liegen, der Bezug zur Umgebung erscheint. Auch die allen Griechen bekannten Geschichten der Heroen und Götter kommen an Tempeln nur in der Form vor, die sie in dem konkreten Zusammen-

47 Das heißt natürlich nicht, daß das Bild nicht aus einer ganz bestimmten historischen Situation entstanden sein kann und dann über seinen Bildcharakter hinaus auch noch einen Bezug zu dieser historischen Situation beibehält und damit doppelt zu lesen ist: bildlich und historisch.

48 Außerordentlich aufschlußreich in dieser Hinsicht ist der Vergleich der gleichen Motive bei den großen Tragikern Athens. Keiner erzählt den Inhalt ohne eigene Abwandlungen. Vgl. z. B. die Schilderung des Ödipus-Mythos bei Aischylos, Sieben gegen Theben, 745 ff; Sophokles, König Ödipus, 711 f; Euripides, Die Phoinikerinnen, 14 ff.

Abb. 38 Athen, Akropolis: Korenhalle vom Erechtheion.

49 Vgl. Ch. Hofkes-Brukker, Der Bassai-Fries, München 1975, S. 55 ff. u. S. 92.

hang dieses speziellen Ortes haben. Zum Beispiel wird die Sage des Kampfes der Lapithen gegen die Kentauren auf dem Fries des Apollontempels von Bassä wohl einer Sage des Ortes entsprechend so dargestellt[49]: Die wilden Kentauren überfallen die Lapithen, die in einem in einsamer Natur gelegenen Artemis-Heiligtum ein Fest feiern. Die überraschte Priesterin der Artemis ruft die Göttin um Hilfe an. Diese erscheint dann auch mit ihrem Bruder als *Helfer*, mit Apollon *Epikurios*. Ihm aber ist der Tempel zu eigen.

Das alle Elemente des plastischen Schmucks zusammenhaltende innere Band ist also der Bezug des Ortes zu der ihn umgebenden Landschaft. Dort wirken Götter, und das zeigt sich in den Giebelfeldern; dort wirken Heroen, und das zeigt sich in den Metopen und Friesen; und dort wirken die Menschen in Gemeinschaft mit den Göttern. In den Kompositionen der Themen im Zusammenhang mit der Architektur kommt dies zum Ausdruck.[50]

Das Material, aus dem die Tempel errichtet werden, ist im Idealfalle Marmor. Obwohl er an verschiedenen Stellen Griechenlands in schönen Qualitäten vorkommt, ist sein Transport doch so beschwerlich, daß er nur bei den kostbarsten Bauten Verwendung findet. Meist behilft man sich, indem man den örtlichen Kalkstein zum Bauen benützt, diesen aber am Schluß mit einer dünnen Stuckschicht überzieht. Ein auf solche Art fertiggestellter Tempel hat sicherlich sehr ähnlich ausgesehen wie ein reiner Marmortempel. Der Marmor wird nicht glatt poliert, sondern so behandelt, daß er eine matte Oberfläche bekommt, die wie eine feinkörnige Haut den ganzen Baukörper umschließt. Durch diese Art von Oberfläche wird der griechische Tempel in eine innige Beziehung zum Licht gebracht. Denn seine einzelnen Teile nehmen das Licht ganz auf, glänzen nicht, blenden nicht und bringen dadurch die fein gemeißelte Form in äußerster Präzision zur Erscheinung.

Der Tempel, wie er bisher beschrieben wurde, war noch nicht fertig, ehe er nicht eine farbige Fassung erhalten hatte: »Leider ist es gerade bei den Marmorbauten der klassischen Zeit nicht mehr möglich, ein bis ins einzelne bestimmtes Bild der ursprünglichen Polychromie zu entwerfen: Die Farben sind entweder ganz verschwunden oder haben nur blasse Spuren hinterlassen ... Klassische Marmorbauten ..., soviel darf sicher behauptet werden, haben fein, hell und festlich gewirkt ... Bemalt oder mit bunten Mustern verziert wurden am griechischen Tempel vor allem solche Glieder und Profile, die vor eine Fläche vortraten; im dorischen Stil also die Triglyphen und was zu ihnen gehört; ferner diejenigen Flächen, vor denen Skulpturen standen, die Hintergründe der Giebel und der Metopen. Die großen Hauptteile des Baues, Stufen, Säulen und Cellawände, sahen fast weiß aus. Minderwertiger Stein wurde mit Marmorstuck verkleidet; selbst Marmorsäulen haben noch einen hauchdünnen Überzug erhalten, der die ungleich hohen Trommelfugen gänzlich zudeckte ... Im allgemeinen erschienen also

50 Vgl. das Kapitel »Architektonische und kompositionelle Zusammenhänge« von E. Berger, in: Parthenonstudien, 1. Zwischenbericht, Antike Kunst 19/1976, S. 135 f.

Abb. 39  Säulen des Parthenon.
Abb. 40  Säulenbasen von der Nordhalle des Erechtheion.

die tragenden Teile des Baues hell, während die getragenen bunt waren. Dorische Kapitelle waren mit Blattstäben bemalt ..., auch Halsringe und Kerben (unter den Kapitellen) waren deutlich vom Schaft abgesetzt. Am reichsten mit Farben ausgestattet waren Friese, Kassettendecke und Gesimse ... Die Farben werden so verteilt, daß einerseits lang durchlaufende Leisten und Profile sich deutlich abheben, andererseits die rhythmische Gliederung des Triglyphenfrieses klar und scharf betont ist.»[51] Die noch heute vorhandenen Ruinen der griechischen Tempel haben unsere Vorstellung von ihnen so stark geprägt, daß wir uns ihre ehemalige Farbigkeit kaum noch konkret vorstellen können. Aber dennoch muß diese sich nach oben steigernde

51 Aus H. Koch, Der griechisch-dorische Tempel, Stuttgart 1951, S. 13 f. Vgl. dazu auch die ausführliche Auseinandersetzung in H. Koch, Studien zum Theseustempel in Athen, Berlin 1955, S. 82 f.

Abb. 41 Farbiges Terrakottageison eines archaischen Schatzhauses von Olympia. Olympia, Museum.

Buntheit unzweifelhaft hinzugedacht werden. Licht, Luft und Farbe umspielen vor allem den oberen Teil des Tempels (Abb. 41), der sich durch die feingliedrigen Akroterfiguren, die Firstpalmetten, die Stirnziegel in den Himmel hinein aufzugliedern scheint. Sein unterer Teil dagegen erhebt sich durch die reine, weiße, breit lagernde Fläche des Stufenbaus über die Erdoberfläche. Der Rhythmus der Säulen leitet über in die Zone der Farbigkeit, beide Pole vermittelnd.

Der Tempel als Ganzes betrachtet macht durch seine unglaubliche Einfachheit staunen: Er besteht nur aus einem einzigen Raum, der Cella, die sich durch Vor- und Rückhalle ein wenig öffnet und von einer Säulenhalle umgeben ist. Diese in sich geschlossene Raumgliederung bleibt stets überschaubar und in ihrem ganzen Umfang erfaßbar. Daher ist der griechische Tempel auch immer menschlich im Maß. Weder mit einem gotischen Dom, noch mit einem ägyptischen Tempel kann er in bezug auf seine bescheidene Größe verglichen werden, und selbst bei den extremsten Vergrößerungsversuchen[52] weitet sich der Bau nie ins Ungemessene und Kolossale.

Dem Sinn für das Ganze entsprach auch das Bewußtsein für die Teile. Die Quader wurden in kleinen Gruppen im Steinbruch bestellt[53] und einzeln liebevoll bearbeitet, ja fast individuell behandelt.[54] Die Steinmetzkunst hatte eine Höhe erreicht, die in dem lebendigen Gespür für die Behandlung des Steines als Teil des gesamten Bauwerks nie mehr überboten worden ist. Massenherstellung und Voranfertigung von Quadern, die man am Bau hätte beliebig versetzen können, wie sie dann im Hellenismus aufkommt und von Rom übernommen wird, war der klassischen griechischen Baukunst völlig fremd.

52 Z. B. Apollontempel von Didyma, Artemistempel in Ephesos.

53 Die Bauabrechnungen von einzelnen Bauten sind erhalten, z. B. vom Erochtheion in Athen, vom Asklepiostempel in Epidauros. Vgl. dazu A. Burford, The Greek Temple Builders at Epidauros, Liverpool 1969.

54 Vgl. S. 86.

# Die Wirkung des Tempels

Abb. 42  Athen, Hephaisteion von Nordosten.

Zum Wesen des griechischen Tempels gehört seine allseitige Durchschaubarkeit von außen. Er ist zur Umgebung hin ausgerichtet und offenbart sich auch vollständig in ihr. Wie ein Weihgeschenk, eine plastische Figur ist er geschmückt, ist hell, strahlend farbig, und wie eine solche steht er auch frei im Raum, im Licht. Wie eine Plastik lädt er zum allseitigen Umschreiten ein, und wie eine Plastik erfüllt er nur im Zusammenhang mit dem Licht der Sonne seine Aufgabe. Im Angeschaut-Werden muß sein Sinn verborgen liegen, denn sein Dasein ist zu keiner kultischen Handlung bestimmt. Und auch in seiner *Ganzheit* ist er wie eine griechische Plastik, denn nichts kann an ihm verändert, an- oder umgebaut werden.

Betritt ein Mensch den Tempel, so wird sein Bewußtsein beim Eintritt in die Ringhalle wiederum nach außen, in die Umgebung gelenkt. Die Cellawand selbst ist glatt, abweisend, uninteressant und der Raum des Gottesbildes, der dahinter liegt, meist verschlossen. Aber trotz dieser Unzugänglichkeit des Innenraumes ist mit dem Tempel kein Geheimnis verbunden. Denn der Grieche wußte oder sah durch die vergitterte und manchmal geöffnete Türe das Bild des Gottes und begnügte sich mit dessen Dasein.

Die *Harmonie* des Tempels mit der Landschaft kommt somit auch wieder in seiner Funktion zum Ausdruck. Der Mensch umschreitet den Tempel, ihn von allen Seiten betrachtend, indem er dabei sein Bewußtsein mit diesem Mittelpunkt verbindet. Tritt er jedoch in den Tempel ein, steht er auf dem Stylobat, so wird er innerlich umgewendet nach außen, zur Landschaft hin. Und es ist nicht nur eine zufällige Zusammenstellung durch photographierende Touristen, daß sie regelmäßig

Abb. 43  Blick durch die Säulen des Parthenon auf Athen.

die griechischen Landschaften zwischen Säulen im Vordergrund aufs Bild bringen (Abb. 43), sondern der dem griechischen Tempel angemessene Blick. Wie schon gesagt ergänzen sich Natur und Tempel gegenseitig, beide beziehen sich aufeinander und nehmen den Menschen in diese Beziehung mit auf.

Wenn die Wirkung des griechischen Tempels beschrieben werden soll, darf nicht vergessen werden, daß diese über die Maßen stark von dem anwesenden Sonnenlicht abhängt. Das ist nicht nur banal gemeint, sondern im wahren Sinne des Wortes. Denn wer schon einmal einen Tempel nach Sonnenuntergang betrachtet hat, der war sicherlich überrascht von der Schwere des Tempels, seiner Wucht, seiner kolossalen

Abb. 44 Unterschnittene Stufen mit Schattenlinien beim Apollontempel von Bassä. Vgl. auch Abb. 73.

Monumentalität. Aber sobald die Sonne scheint, verschwinden alle diese Eigenschaften, und der Tempel ruft den oben geschilderten Eindruck hervor. Man kann sogar entdecken, daß der Tempel in vielen Einzelheiten unter Berücksichtigung des einfallenden Sonnenlichtes konstruiert worden sein muß. Schon im Stufenbau finden sich flache Unterschneidungen (Abb. 44), die ihren Sinn erst dann bekommen, wenn beobachtet wird, wie die waagrechten Linien dieser Stufen durch die Schattenlinien, die sich durch die Unterschneidungen ergeben, verstärkt werden. Und so ist es bei allen waagrechten Linien am Tempel! Über dem Architrav befindet sich eine solche Leiste (Taenia), über den Metopen und den Triglyphen, über dem Geison etc. Fast an jedem

$9^{30}$

$10^{30}$

$11^{30}$

$12^{30}$

$13^{30}$

$14^{30}$

$15^{30}$

$16^{30}$

$17^{30}$

Bauglied ist eine solche flache oder profilierte Leiste zu finden – und immer wirft sie bei Sonnenlicht einen Schatten.
Von diesem Gesichtspunkt aus bekommen auch die Kanneluren der Säulen eine ganz neue Aufgabe. Was an der unkannelierten Säule nur grob zur Wirkung kommt – die Betonung der Senkrechten –, das wird durch die Vielzahl der Kanneluren gesteigert zur Vielzahl der senkrechten Linien. Erst sie ermöglichen den Eindruck einer *tragenden* Säule und nicht nur den einer schweren. Die Beobachtung der Beziehung zwischen der Säule und dem Sonnenlicht hat dazu geführt, in ihr etwas Ähnliches wie eine Sonnenuhr zu sehen.[55] In der Tat ist es ja möglich, wenn die Lage des Tempels bekannt ist, aus der Art der Beschattung der Säulen die genaue Tagesstunde zu ermessen. Was aber vorliegt, ist die Beziehung des ganzen Tempels zur Sonne, und diese spiegelt sich wider in dem Einzelelement der Säule. Wie das Licht der Sonne im Laufe des Tages um den Kranz von Säulen, der den Tempel umgibt, herumwandert und alle Säulen einmal anstrahlt, so geschieht dies auch im kleinen bei den Kanneluren einer Säule (Abb. 45–53). Der Grieche hat sicher nicht zum Tempel geschaut, um die Uhrzeit abzuschätzen, aber er hat am Tempel erlebt, daß die Sonne zu jeder Stunde des Tages, ja zu jeder Stunde des Jahres anders scheint, weil der Tempel zu einer jeden Stunde eine andere Konfiguration der Linien zeigt. Das Bild dieser Tatsache kann dann im Tempel insofern gesehen werden, als der Tempel ein ganz bestimmtes Verhältnis der Säulenzahl von Lang- zu Schmalseite aufweist, das vielleicht mit dem Verhältnis der Stunden von Tag zu Nacht, mit dem Verhältnis der Tage von Sommer zu Winter usw. zu vergleichen wäre. Auf jeden Fall ist der griechische Tempel ein äußerst sensibles Instrument, das auf die geringsten Veränderungen des Sonnenlaufes reagiert und diese anzeigt. Wer beobachtet hat, wie innerhalb von fünf Minuten eine neue Kannelur deutlich in Erscheinung tritt, die vorher im Dunkel der Schattenseite der Säule verborgen war, der hat etwas von diesem sensiblen Reagieren bemerkt.
Der Tempel muß also mit dem Licht der Sonne im Zusammenhang gesehen werden. Erst durch dieses Licht kommt er zu seiner wahren Erscheinung, und das Licht wird durch den Tempel erst in seiner Stellung zur Erde bemerkt. In dieser »Sonnenhaftigkeit des Tempels«[56]

Abb. 45–53 Säulen der südlichen Peristasis vom sog. Poseidontempel in Paestum bei verschiedenem Sonnenstand im Lauf eines Tages.

55 H. Kauffmann, Probleme griechischer Säulen, (Rhein.-Westfäl. Akademie der Wissenschaften) Opladen 1976, S. 16.

56 op. cit., S. 22.

findet der ganze Umraum des Kosmos, in dem das Licht lebt, seinen Mittelpunkt.

Was den Tempel so in seiner Funktion charakterisiert, die Harmonie mit seiner Umgebung, das ist auch der erste Eindruck, den er als Bau selbst in seinem Beschauer[57] hervorruft. *Harmonie* und *Schönheit* sind die ersten Begriffe, die man findet, wenn es gilt, diesen Eindruck genauer zu bemerken. Durch die Rhythmen der Säulen, Triglyphen und farbigen Muster, durch die Maßverhältnisse der Bauglieder zueinander und durch die vielfältige farbige Gestaltung wird ein harmonischer Zusammenklang von großer Schönheit erzielt. Obwohl der Tempel aus massivem Stein errichtet ist, sind die einzelnen Teile doch so gruppiert und gegliedert, daß die Eigenschaften des Materials, wie Schwere und Dichte, gar nicht zur Erscheinung kommen, sondern die Empfindungen für Harmonie, *Gleichgewicht*, Schönheit bei dem Betrachter ausgelöst werden. Keine Form am Tempel könnte verändert werden, ohne daß diese Empfindungen gestört würden, denn die Schönheit des griechischen Tempels beruht darauf, daß der Betrachter die Gesetze der Proportionen und der Harmonien im Anschauen nachvollzieht. Die nebenstehenden zeichnerischen Veränderungen der Dachformen mögen das erweisen: Worauf beruht es, daß man bei Fig. a und b die Dächer als lastend empfindet? Doch wohl darauf, daß man beim Betrachten durch eine innerliche, lebendige Tätigkeit die einzelnen Bauglieder, Strecken, Formen und Farben zueinander in Beziehung setzt. Diese innerliche Beweglichkeit im Anschauen wird noch dadurch verstärkt, daß alle geraden Linien des Tempels ein wenig gekrümmt sind, so daß einem subtilen Beobachter diese feinen *Spannungen* wahrnehmbar werden. Am auffälligsten ist dies bei der sogenannten Schwellung der Säulen (Entasis), die sich vom Säulenfuß zum Säulenhals hin nicht geradlinig, sondern in einer leichten Kurve verjüngen. Die Funktion der Säulen, angespannt zu sein (enteino), um tragen zu können, wird dadurch außerordentlich gut verdeutlicht. Seit jeher ist das so erlebte Gleichgewicht zwischen *Lasten* und *Tragen* als ein entscheidendes Charakteristikum des griechischen Tempels angesehen worden.

Beim Zusammenschluß der einzelnen Beobachtungen am griechi-

57 Das Anschauen des Tempels für den Griechen heißt: erlebendes Wahrnehmen des Ganzen. Vgl. S. 89.

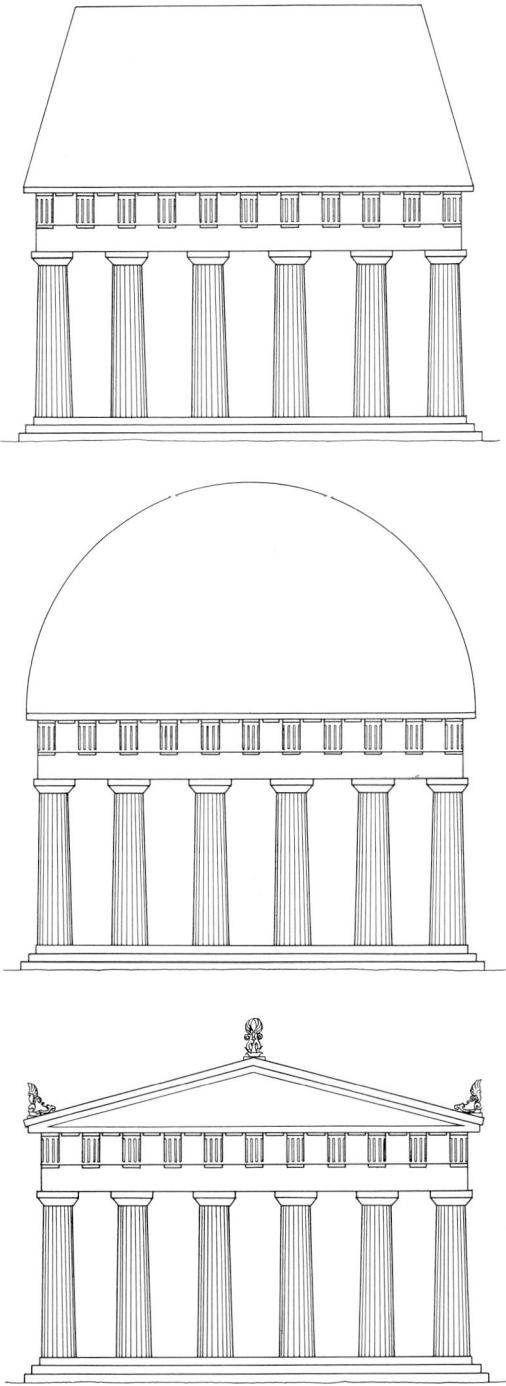

Fig. 12 (a–c)  Der griechische Tempel mit hypothetisch veränderten Dachformen (Fig. a und b). Im Vergleich zu seinem wirklichen Aufriß (Fig. c) wird deutlich, wie ausgewogen die Verhältnisse der einzelnen Glieder zueinander sind. Kein Element könnte verändert oder umgestellt werden, ohne daß sich der Eindruck des Ganzen ändert, und kein Element könnte anders proportioniert sein als es ist, ohne daß die Ausgewogenheit des Gesamteindrucks gestört werden würde. Selbst geringe Änderungen am Neigungswinkel des Tempelgiebels (der Leser möge das nachprüfen) bewirken schon eine erhebliche Verschiebung der Gleichgewichtsverhältnisse. Selbst die Akrotere sind in diese einbezogen. Fehlen sie, so wirkt der Tempel schwerer.

schen Tempel wird das Empfindungsfeld deutlich, auf das er weist. Er wird als einfache, völlig offenbare und unveränderbare Ganzheit erlebt – aber diese Ganzheit ist keine statische, sondern muß durch die Tätigkeit des Betrachters immer wieder lebendig erbildet werden. Deswegen hat der griechische Tempel auch nur im Licht des Tages eine Bedeutung und beschreiben wir ihn mit Begriffen, die nur durch die Beobachtung von innerlichen Bewegungen beim Anschauen des Bauwerks gewonnen werden: Spannung, Gleichgewicht, Lasten, Tragen, Rhythmus, Proportion, Harmonie, Schönheit. – Das gemeinsame Kennzeichen, das allen diesen Begriffen zugrunde liegt, ist darin zu sehen, daß sie sich nicht in Vorstellungen festgießen lassen, sondern beweglich, lebendig bleiben. Denn all diese Begriffe stellen Beziehungen her zwischen den einzelnen Gliedern des Baues und ordnen diese wiederum in die Ganzheit ein.

An der Stelle, an der sich Aristoteles Gedanken macht über verschiedene Arten von Bewegungen,[58] die man unterscheiden müsse, wählt er den Tempel als Beispiel: »Denn jede Bewegung vollzieht sich in der Zeit und hat einen Endzweck – z. B. den Vorgang des Bauens –, und sie ist vollendet, wenn sie das bewirkt hat, wonach sie strebte ... In den einzelnen Zeitabschnitten dagegen sind alle Einzelbewegungen unvollendet und der Art nach von dem Gesamtverlauf der Bewegung und voneinander verschieden. Denn die Zusammensetzung der Steine ist etwas anderes als die Kannelierung der Säulen, und beide Bewegungen sind etwas anderes als die Herstellung des Tempelganzen. Und zwar ist die Herstellung [gemeint ist die Vollendung] des Tempelganzen eine vollendete Bewegung, denn in Hinsicht auf das vorgesetzte Ziel fehlt nichts mehr an ihr, die Herstellung der Tempelbasis dagegen oder der Triglyphen ist eine unvollendete Bewegung, denn beide Bewegungen beziehen sich nur auf ein Teilglied des Baus. Es ist also ein Artunterschied bei den Bewegungen, und es ist nicht möglich, zu irgendeinem Zeitpunkt eine der Art nach vollendete Bewegung festzustellen, es sei denn, man schaut auf den Gesamtablauf.« Das heißt also, daß man sich, um eine Vorstellung der Ganzheit des Tempels zu gewinnen, mit allen Einzelheiten des Tempels nacheinander beschäftigen müsse (unvollendete Bewegung), um diese dann wie zu einem

[58] Nikomachische Ethik, X, 3 (1174 a) übersetzt von F. Dirlmeier.

Abb. 54 Athen, Hephaisteion von Nordosten.

großen innerlichen Tableau zusammenzufassen (vollendete Bewegung).

Von dieser Art sei das Sehen: »Der Vorgang des Sehens ist ... in jedem beliebigen Zeitpunkt in sich vollendet.«[59] Wenn das Sehen als vollendete Bewegung aufgefaßt wird, so kann man das nur dann bemerken, wenn der ganze Vorgang, der Gesamtablauf des Sehens, angeschaut wird. Damit ist also außerordentlich genau beschrieben, welches Erlebnis der Grieche beim Anschauen einer Ganzheit, wie z. B. beim Anschauen eines Tempels hatte. Er bemerkt die Bewegungen, die erst den Gesamteindruck im Bewußtsein des Beschauers hervorrufen.

Das Problem der Ganzheit, des einheitlichen Werkes, das notwendig in sich zusammenhängt, ist es, das die Griechen immer und immer wieder beschäftigt und das sie auf allen Gebieten der Kunst zum Erlebnis zu bringen versuchen. Wieder ist es Aristoteles, der das unbewußte Schaffen der Dichter ins Bewußtsein zu heben versucht. Denn in seiner Poetik geht es ihm wieder um das geschlossene Ganze, weil nur dann

59 op. cit., 1174 a.

die Handlung einer Tragödie wie ein *organisches Wesen* wirken kann.[60] »Die Schönheit bei einem Lebewesen ... besteht nicht nur darin, daß die Teile wohl geordnet sind, sondern daß das Ganze eine bestimmte, nicht zufällige Größe besitzt, ... also müssen die Körper der Lebewesen eine bestimmte Größe haben, und diese soll übersichtlich sein.«[61] Der Übersichtlichkeit, dem Durchschauen-Können eines Phänomens dient des Griechen ganzes Streben. Verborgene Tempelräume, die wie ein undurchschaubarer Block vor seinen Sinnen liegen, wie er sie z. B. in Ägypten kennenlernte, bringt er mit der Empfindung für Geheimnis zusammen, eine seiner Götterwelt völlig unangemessene Empfindung. Der ganze Bau muß ihm innerlich klar und übersichtlich vor Augen stehen können. Deswegen hat er auch eine Abscheu vor zu großen Anlagen, weil er befürchtet, die Übersichtlichkeit könne verlorengehen. Andererseits hat der Grieche ein feines, fast traumhaftes Gespür für eine Ganzheit. Er sieht die einzelnen Teile dieser Ganzheit immer in Beziehung, in Harmonie zu ihr: »Die Teile ... müssen so zusammengesetzt sein, daß wenn ein einziger Teil umgestellt oder weggenommen wird, das Ganze sich verändert und in Bewegung gerät. Wo aber Anwesenheit oder Abwesenheit eines Stücks keine sichtbare Wirkung hat, da handelt es sich gar nicht um den Teil eines Ganzen.«[62] Das Ideal des Griechen ist also, den Tempel so zu gestalten, daß er ebenso wie eine Tragödie als Organismus erfahren werden kann, in dem das Ganze im Teil und der Teil im Ganzen anwesend ist, wo

»alles sich zum Ganzen webt,
Eins in dem andern wirkt und lebt!«

(GOETHE, Faust I, 447)

---

60 Aristoteles, Von der Dichtkunst, 1459 a 20.
61 op. cit., 1450 b 34.
62 op. cit., 1451 a 34.

# Bauelemente des Organismus

Der griechische Tempel stellt die Verwirklichung eines gebauten Organismus dar. Daß dieses Ideal nicht sofort und nicht ohne Entwicklung in Erscheinung treten konnte, ist selbstverständlich. Die Entwicklung verläuft aber streng auf dieses Ziel zu und kulminiert in der Mitte des 5. Jahrhunderts. Da sind alle die Fähigkeiten ausgebildet und alle die Elemente entwickelt, die dem Architekten dazu verhelfen, einen *gebauten Organismus* vor den Augen der Zeitgenossen ins Leben zu bringen. Einige dieser Elemente sollen hier dargestellt werden: die Proportionierung, die Fugenkonkordanz, die Eckkontraktion, die Kurvatur und die Endbearbeitung des ganzen Baues. Je nach der Bedeutung des Tempels wählt der Baumeister die Elemente aus, die er für die lebendige Gestaltung des Baues braucht. Für einfache Tempel genügt es, wenn einzelne Elemente angewendet werden, für die bedeutenden Werke aber wird die ganze Fülle der bekannten Gestaltungsmöglichkeiten ergriffen und sogar noch um weitere Feinheiten ergänzt.

## 1. *Proportionierung und Fugenkonkordanz*

In Platons »Timaios« wird ausführlich geschildert, wie der Schöpfer den Leib der Welt aus den vier Elementen zusammenknüpft. Damit aber dieser Kosmos, der ein »möglichst vollkommenes Lebewesen«[63] sein soll, zu einer solchen Ganzheit wird, werden die Elemente durch die Proportion, durch ganzzahlige Verhältnisse untereinander in Beziehung gesetzt. »Daraus ergab sich eine solche Befreundetheit sei-

63 Platon, Timaios, 33 a.

Fig. 13　Die Säule als Ausschnitt einer schwingenden Saite.

ner Teile, daß er zu einer homogenen Einheit zusammenwuchs«[64] und in Schönheit und Harmonie erstrahlte.

Soll nun der griechische Baumeister die einer Gottheit würdige Wohnung schaffen, so ist es seine Aufgabe, diese Wohnung so zu gestalten, daß sie dem Wesen dieser Gottheit entspricht, d. h. daß sie schön und gut ist. Dazu muß er, wie der Schöpfer bei der Erschaffung der Welt, die einzelnen Bauelemente zu einem schönen und geordneten Ganzen zusammenknüpfen. Dies erreicht er mit Hilfe der Proportionierung. »Denn Maß und richtiges Verhältnis führen ja überall zu Entstehung von Schönheit«[65] und Harmonie. Alle Glieder des Tempels sind daher aus einem eigenen Grundmaß (Modulus), von einer dem Gott zugeordneten Harmonie, d. h. von bestimmten ganzzahligen Verhältnissen abgeleitet. Als Grundmaß wird meistens der Säulenabstand genommen, der seinerseits aus der Grundrißproportion entnommen wird.[66] Ein jeder Tempel hat damit sein eigenes, nur ihm zugrundeliegendes Maß, von dem alle weiteren Längen durch die vorgegebenen harmonischen Verhältnisse abgeleitet werden. Nicht ein abstraktes, festliegendes Maß, wie etwa die Königselle in Ägypten, bestimmt die Konstruktion der Bauten, sondern ein eigenes, jeweils neu gewähltes Grundmaß. So referiert noch der römische Baumeister Vitruv, der die Überlieferung der griechischen Baukunst gut kennt:[67] »Die Formgebung der Tempel beruht auf Symmetrie, an deren Gesetze sich die Architekten peinlichst genau halten müssen. Diese aber wird von der Proportion erzeugt, die die Griechen Analogia nennen. Proportion liegt vor, wenn den Gliedern am ganzen Bau und dem Gesamtbau ein Modulus als gemeinsames Grundmaß zugrunde gelegt ist. Aus ihr ergibt sich das System der Symmetrien. Denn kein Tempel kann ohne Symmetrie und Proportion eine vernünftige Formgebung haben, wenn seine Glieder nicht in einem bestimmten Verhältnis zueinander stehen, wie die Glieder eines wohlgeformten Menschen ... Wenn also die Natur den menschlichen Körper so zusammengesetzt hat, daß seine Glieder in den Proportionen seiner Gesamtgestalt entsprechen, scheinen die Alten mit gutem Recht bestimmt zu haben, daß auch bei der Ausführung von Bauwerken diese ein genaues symmetrisches Maßverhältnis der einzelnen Glieder zur Gesamterscheinung haben.«

---

64　Platon, Timaios, 32 c, übersetzt von R. Rufener.

65　Platon, Philebos, 64 e.

66　Vgl. M. Theurer, Der griechisch-dorische Peripteraltempel, ein Beitrag zur antiken Proportionslehre, Berlin 1918, und A. Mallwitz, Olympia, München 1972, S. 231 f.

67　Vitruv, Zehn Bücher über Architektur, III. Buch, 1. Kap.

68　Vitruv, I. Buch, 2. Kap.

69　Zu Symmetria, Eurhythmia, Analogia etc. vgl. J. J. Pollit, The ancient view of Greek art, London 1974.

70　Goethe, Faust, 6447.

71　H. Kayser, Paestum, Heidelberg 1958, S. 45.

Das Charakteristikum eines Organismus, daß im Teil das Ganze enthalten ist, wird also hier auf die Baukunst angewendet. Die Wirkung, die von einem so gestalteten Bauwerk ausgeht, nennt Vitruv *eurhythmisch*:[68] »Eurhythmia ist das anmutige Aussehen und der in der Zusammensetzung der Glieder symmetrische Anblick. Sie wird erzielt, wenn die Glieder des Bauwerks in zusammenstimmendem Verhältnis von Höhe zu Breite und von Breite zu Länge stehen, überhaupt alle Teile der ihnen zukommenden Symmetrie entsprechen ... Symmetria ferner ist der sich aus den Gliedern des Bauwerks selbst ergebende Einklang und die auf einem Modulus beruhende Wechselbeziehung der einzelnen Teile für sich gesondert zur Gestalt des Bauwerks als Ganzem.«[69]

Eine solche Harmonie, die in die Maßverhältnisse der Tempelglieder hineingebaut ist, läßt sich leicht in musikalische Harmonien umsetzen. Künstlerische Menschen haben das immer empfunden:

»Der Säulenschaft, auch die Triglyphe klingt,
Ich glaube gar, der ganze Tempel singt!«[70]

Hans Kayser, der in seinem Buch über die Tempel von Paestum gerade diese Umsetzung in Töne versucht hat[71], gibt auf dieser Grundlage auch eine Deutung der Entasis der dorischen Säule. Deren Schaft könnte nämlich als ein Ausschnitt aus einer schwingenden Saite aufgefaßt werden (Fig. 13).
Die Durchproportionierung und Harmonisierung aller Gliederungen am Bau macht auch bei den einzelnen Bauteilen nicht halt. Beim klassischen Tempel wird jeder Baustein, auch wenn er als solcher am fertigen Tempel gar nicht erscheint, nach dem Modulus proportioniert. Dies führt dazu, daß nur bestimmte Steingrößen vorkommen, die in immer gleicher Weise übereinander vermauert werden (Fugenschnitt) (Abb. 55). Alle einzelnen Bauteile sind also miteinander verbunden. Da der Fugenschnitt, die Bindung, bei klassischen Tempeln schon im Fundament beginnt, lassen sich die Proportionen des Tempels und die Anzahl seiner Säulen aus einigen übriggebliebenen Fundamentresten erschließen. Wieder weist der Teil auf das Ganze hin.

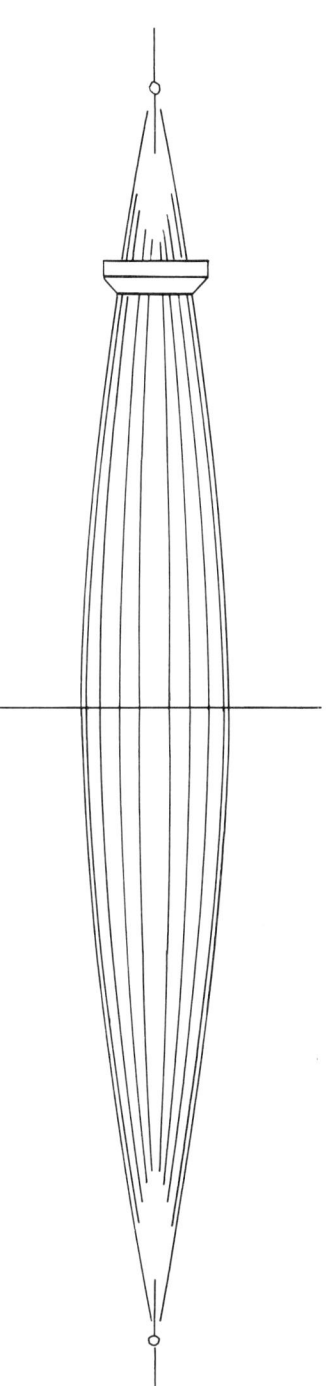

Abb. 55   Südwand des Erechtheions auf der Akropolis in Athen. Die einzelnen Steine sind in rationalen Proportionen geschnitten und gebunden vermauert worden. Die gleiche Proportion durchklingt den Stufenunterbau wie auch die Cellawand.

Die konsequente Durchproportionierung des ganzen Baus kann leicht zu einem strengen und korrekten Schema erstarren. »Es scheint aber, daß die Erbauer absichtlich versuchten, das mathematisch Korrekte durch leichte Abweichungen von den ›wahren‹ Maßen zu mildern, wobei sie dieses Ideal so weit trieben, daß sie keine gerade Linie gerade noch irgendeinen Abstand gleichmäßig ließen. ... Die leichten Abweichungen von perfekter Regelmäßigkeit und Symmetrie sind ... hinzugefügt, um der strengen mathematischen Korrektheit, der allgemeinen Norm, Leben zu verleihen. ... Sicher ist es etwas sehr Überraschendes, daß die Maße des Parthenon nicht auf Fuß und Daktylen, d. h. auf irgendeinen gebräuchlichen Maßstab reduziert werden können. Ein

Fuß von 29,57 cm wird recht gut angehen; ein Fuß von 33,62 cm wird sich fast desselben Erfolgs erfreuen. Aber weder diese noch irgendeine andere Einheitslänge wird zu allen Maßen passen, weil sie im ganzen inkommensurabel sind. Wir können nur schließen, daß die Erbauer des Parthenon (ob durch kluge Nachahmung oder durch intuitiven künstlerischen Sinn) auf die Architektur dasselbe künstlerische Geheimnis der Schönheit angewendet haben, das die natürlichen Formen beherrscht: die Milderung der geometrischen Genauigkeit durch winzige Abweichungen...« Es ist zu beobachten, »daß in jedem Einzelexemplar der Gattung die Genauigkeit der zugrundeliegenden Form immer durch Unregelmäßigkeiten gemildert ist, die von den zufälligen Faktoren der Umwelt und des Wachstums herrühren. Außerdem ist hinzuzufügen, daß wir geneigt sind, die einzelne leicht unregelmäßige Blume oder Muschel wirklicher, ›lebendiger‹ und künstlerisch ergreifender zu finden als die kalte geometrische Perfektion der Grundform. Die Form lebt nur, wenn sie im Stoff unregelmäßig gemacht wird. In der Architektur sind die Formen Menschenwerk, aber wenn sie mit mathematischer Genauigkeit harmonisiert und dann in ihrer stofflichen Darstellung unregelmäßig gemacht werden, werden sie einen Zustand erreichen, der dem eines lebendigen Naturwesens gleich ist.«[72]

## 2. Die Eckkontraktion

Am auffälligsten ist der Zusammenschluß der Bauglieder zu einem einheitlichen Körper an der sogenannten Eckkontraktion zu sehen. Diese Verkürzung der Abstände zwischen den Säulen gegen die Ecken hin wird dadurch notwendig, daß bei der dorischen Ordnung über dem Architrav der Triglyphen-Metopenfries liegt. Dessen Elemente sind so angeordnet, daß sich über jeder Säule eine Triglyphe befindet, ein Bauglied, das möglicherweise auf einen ursprünglich hier herausragenden Balkenkopf zurückzuführen ist. Dabei wird der Rhythmus der Säulen verdoppelt: Zu jedem Säulenabstand gehören zwei Triglyphen und zwei Metopen.

72 R. Carpenter, The Esthetic Basis of Greek Art, Bloomington (Ind.) 1959, p. 124 f.

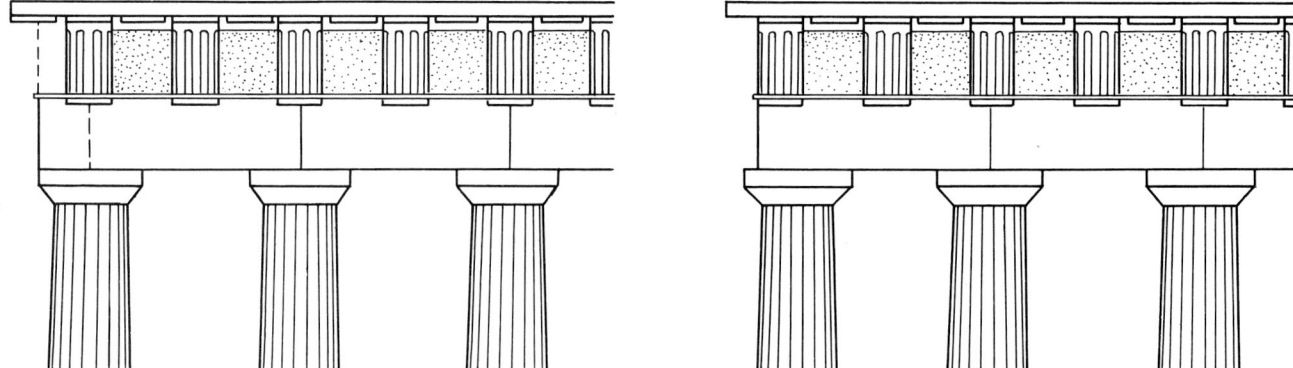

Fig. 14  Die theoretisch geforderte Stellung der Triglyphe über der Mittelachse der Säule führt an der Ecke zum sog. dorischen Eckkonflikt. Es fehlt eine halbe Metope.

Fig. 15  Eine mögliche Lösung des Eckkonflikts: Die Ecksäule wird näher an die Mitte herangezogen. Dadurch verkleinert sich jedoch der äußere Jochabstand. Vgl. Abb. 56.

Würde der Fries nach diesem Gesetz einfach durchlaufen, so stünde über der Mitte der Ecksäule eine Triglyphe, und bis zum Rand des Architravs würde noch eine halbe Metope fehlen (siehe Fig. 14). Das wäre widersinnig, denn Metope heißt Zwischenraum, und ohne Zweifel gehört an diese Stelle des Baues ein Träger, eine Triglyphe. Sie muß daher aus der Säulenachse an die Außenkante des Baues verschoben werden. Damit wird aber der Rhythmus gestört. Es gibt nun zwei Möglichkeiten, diesen Konflikt (der beim dorischen Tempel immer auftritt) zu lösen. Entweder werden die äußeren Metopen vergrößert, bei gleichbleibendem Säulenabstand, oder die Ecksäule wird näher an die Mitte herangezogen, bei gleichbleibendem Gebälk (siehe Fig. 15). Beide Lösungsmöglichkeiten kommen in archaischer Zeit vor. Bei klassischen Tempeln wird oft ein Kompromiß zwischen beiden Wegen versucht, wobei sich die Korrekturen aber nicht nur auf das eine Eckjoch, sondern auf mehrere Joche verteilen, so daß alle äußeren Säulen näher zur Mitte rücken (Abb. 56). Im ganzen geschieht so mit den Säulen, was im einzelnen an den Kanneluren der Säulen zu beobachten ist, daß nämlich auch deren Abstände für den Betrachter so aussehen, als ob sie zum Rand hin enger würden. Diese Beziehung zwischen der einzelnen Säule und dem Bau als Ganzem wird besonders bei den sorgfältig gestalteten Rundtempeln deutlich. Bei der Tholos von Delphi wiederholt jede der zwanzig Säulen in den zwanzig Graten ihrer Kanneluren den Grundriß. Das Ganze ist wieder im Teil enthalten.

Abb. 56  Südliches Ende der Ostseite des Parthenon mit den deutlich zur Mitte herangezogenen äußeren Säulen.

## 3. Die Kurvatur und die Endbearbeitung des ganzen Baues

Ein weiteres Mittel, vielleicht das subtilste, um einen Organismus aus Stein zu bauen, sind die Kurvaturen. Sie entstehen dadurch, daß der Stufenbau des Tempels wie auf eine Wölbung des Bodens verlegt wurde, die von außen als flacher Hügel erkennbar ist (vgl. Abb. 26). Das wirkliche Fundament muß natürlich tief im Boden gegründet sein, aber von außen erscheint der Stufenunterbau so, als ob er auf einer solchen Wölbung aufläge. Damit erhalten alle horizontalen Linien eine

Fig. 16   Der Tempel mit der zu ihm gehörenden, unsichtbar im Boden steckenden Kugelschale.

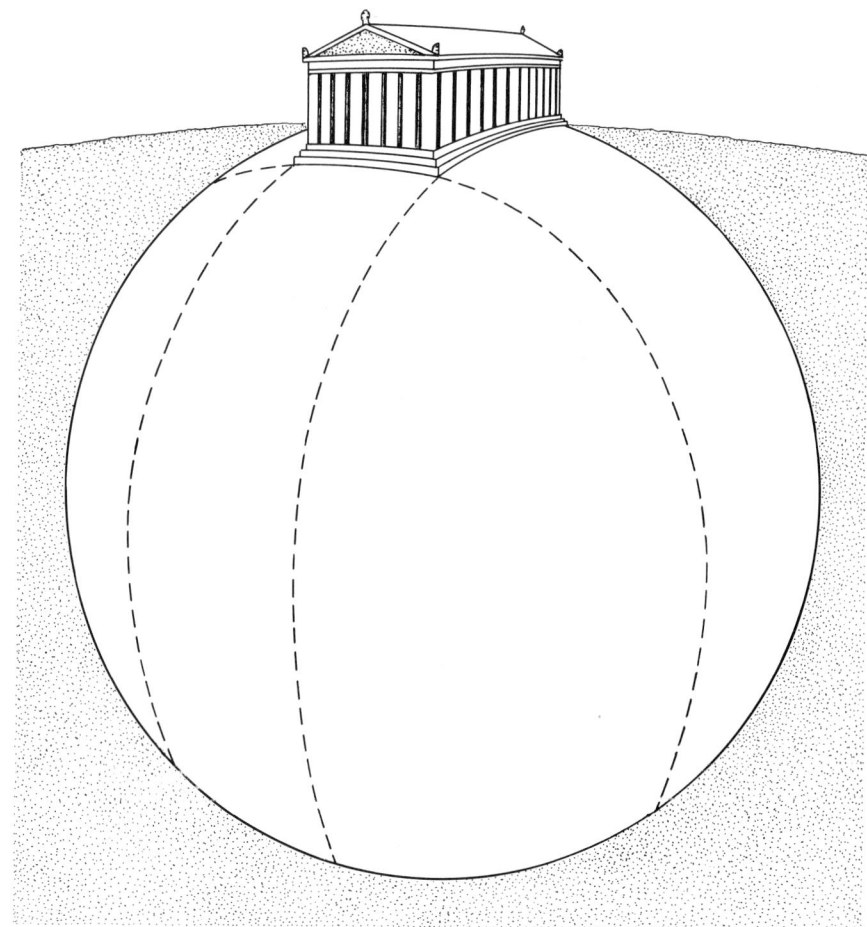

leichte Krümmung, d.h. sie liegen in der Mitte einige Zentimeter höher als an den Ecken. Der ganze Unterbau kann also angesehen werden als sichtbarer Ausschnitt einer sonst unsichtbaren Kugelschale, die aus der Erde auftaucht (Fig. 16). Jeder Tempel hat damit eine eigene Sphäre unter und um sich, deren Durchmesser bei den einzelnen Tempeln zwischen vier und zehn Kilometer beträgt (Abb. 57–60). Alle weiteren horizontalen Linien folgen nun dieser Kurvatur des Stylobats, d.h. auch der Architrav, das ganze Gebälk und die Steinlagen der Cella sind gekrümmt. Beim Parthenon in Athen z. B. beträgt deren Aufbiegung 12 cm auf 70 m Seitenlänge. Diese leichten Krümmungen machen es notwendig, jeden Stein des ganzen Baues besonders zu gestalten, denn statt Quadern müssen jetzt Parallelepipeda hergestellt werden (Fig. 17). Kein Stein gleicht dem anderen! Handelt es sich auch pro Block nur um wenige Millimeter, so sind sie doch nur an der Stelle

des Baues einzusetzen, für die sie bestimmt sind. Damit steht jeder Stein durch seine Form mit der Gestalt des ganzen Baues in Beziehung, und der Tempel wird durchlebt von einer Sphäre, von der die Kurvaturen Kunde geben. Heinz Kähler vergleicht sie treffend mit dem Atem: »Diese Krümmungen erfüllen die Flächen und Linien des Baues mit einem alles durchströmenden Atem; sie nehmen ihm nicht nur die das Auge ermüdende Starrheit, sondern stellen in ihrem An- und Abschwellen jedes einzelne Bauglied und jeden einzelnen Stein in einen Bezug auf das Ganze und durchpulsen den Teil.«[73]

Außer diesen Kurvaturen gibt es bei verschiedenen Tempeln noch besondere Feinheiten. Eine davon ist die häufig anzutreffende Einwärtsneigung der Säulenachsen der Ringhalle, wobei die Ecksäulen in die Diagonale geneigt sind. Diese Einwärtsneigung ist dann notwendig, wenn der Tempel Kurvaturen zeigt. Denn wenn die Säulenachsen auf dem Stylobat senkrecht aufragten, würden die Säulen nach außen kippen (Fig. 18). Die Korrektur erfolgt nun so, daß die Achse der Säule

Fig. 17 Wenn die Steine in eine Kugelschale eingepaßt werden sollen, können die einzelnen Blöcke nicht mehr gleichartig hergestellt werden. Jeder Stein bekommt, je nach seiner Lage, seine individuelle Form.

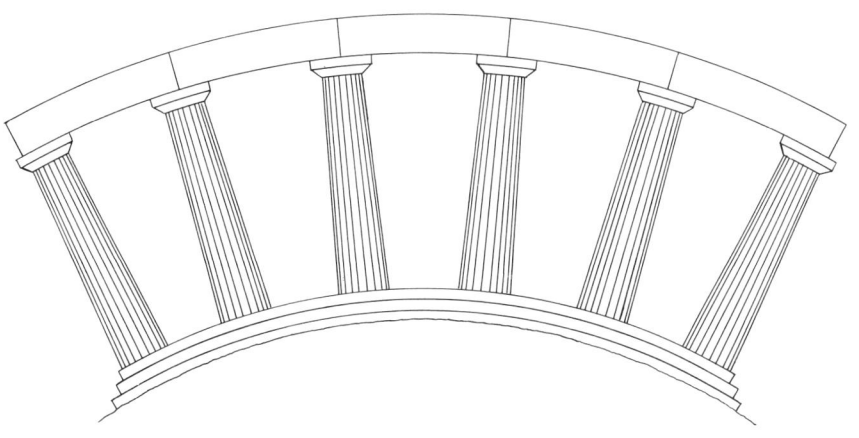

Fig. 18 Wenn der Stufenunterbau kurviert ist, würden die Säulen nach außen kippen. Um dies zu vermeiden, müssen die Säulenachsen nach innen geneigt werden.

73 H. Kähler, Der griechische Tempel, Berlin 1964, S. 23.

Abb. 57  Kurvatur am Stufenunterbau (Nordseite) des Parthenon.

Abb. 58  Kurvatur am Stufenunterbau (Ostseite) des Parthenon.

Abb. 59  Kurvatur am Stufenunterbau (Nordseite) des Zeustempels von Olympia.

Abb. 60  Kurvatur am Stufenunterbau (Ostseite) des sog. Poseidontempels in Paestum.

nicht nur gleichmäßig schief gestellt, sondern selbst wieder schwach gekrümmt wird, entsprechend der Kurve der Entasis! Subtile Veränderungen finden sich auch bei den Säulendurchmessern. Diese können sowohl in ihrer Größe innerhalb der Ringhalle schwanken als auch verschiedene Formen annehmen, z. B. ist der Grundriß bei Ecksäulen oft elliptisch usw. An jedem Tempel sind wieder andere Feinheiten zu entdecken, die ihn ganz unverwechselbar individuell prägen.[74]

Während der Errichtung des Tempels werden alle Außenseiten der Steinblöcke noch nicht auf das endgültige Maß gebracht, sondern mit einem gewissen Übermaß versetzt, das erst in einem letzten Arbeitsgang abgearbeitet wird. Da erst erhalten die Säulen ihre Kanneluren, die Cella ihre Entasis und der Stylobat seine Glätte. Wie eine Plastik wird der Bau empfunden, und wie eine Plastik wird er auch behandelt, denn es ist die gleiche Methode, nach der der griechische Bildhauer arbeitet, indem er Schicht um Schicht einer Statue abhebt, immer das Ganze im Auge behaltend. Besteht das Baumaterial aus Kalkstein, so werden zum Abschluß alle Bauteile mit feinstem dünnen Stuck überzogen und bemalt. Der Tempel erhält seine Haut – der Organismus tritt ins Leben.

Wie jeder Organismus mit seiner Umgebung in Wechselwirkung steht, so steht auch der Tempel in Wechselwirkung mit seiner Umgebung. Denn er braucht Licht und Klang, um in Erscheinung zu treten, und wird in seiner Lage und in seinen Proportionen vom Charakter der Landschaft, d.h. vom Wesen des Gottes bestimmt. Diesen feinen Bewegungen und Prozessen, die sich zwischen den Organismen und ihren Zusammenhängen im Kosmos abspielen, spürt der Grieche nach und macht sie, sie ins Bewußtsein hebend, in seinen Tempeln anschaubar. Da werden nicht die Gesetze der schweren und undurchdringlichen Stofflichkeit – wie in Ägypten – in den Bau geprägt, es wird auch nicht das gemeinsame Streben der Seelen zum Göttlichen dargestellt – wie beim Dom –, sondern die Architektur wird in den Dienst genommen, um in den Menschen eine Empfindung für das Lebendige zu wecken.

»So stiegen die Bauten empor ... in unnachahmlicher Schönheit der Formen, und die Meister wetteiferten miteinander, durch die Feinheit

74 Vgl. z. B. Balanos, Les Monuments d'Acropole, Paris 1938; H. Koch, Studien zum Theseustempel, Berlin 1955, S. 66 f; Fr. Krauss, Paestum, Berlin 1941, besonders S. 57 f.

Abb. 61 Der sog. Poseidontempel von Paestum. Ansicht von Nordwesten.

der Ausführung über ihr Handwerk hinauszuwachsen ... In kurzer Zeit wurden sie geschaffen für ewige Zeit. Ihre Schönheit gab ihnen sogleich die Würde des Alters, ihre lebendige Kraft schenkt ihnen bis auf den heutigen Tag den Reiz der Neuheit und Frische. So liegt ein Hauch immerwährender Jugend über diesen Werken, die Zeit geht vorüber, ohne ihnen etwas anzuhaben, als atmete in ihnen ein ewig blühendes Leben, eine nie alternde Seele.«[75]

Auch heute noch künden die Trümmer der alten Bauten von ihrem einstigen Leben, denn auch heute noch weist jeder Stein, durch seine Proportion und seine Kurvatur, über sich selbst hinaus zum Ganzen des Tempels und zum Ganzen der Landschaft. Wenn auch dieser lebendige Bezug zum Kosmos nur noch zart wahrnehmbar ist, so ist er doch noch nicht verloren – sondern ist aufgenommen in dem ewig blühenden Leben.

75 Plutarch, Perikles, 13.

# Die Bedeutung des Tempels

*1. Der Tempel als Weihgeschenk an die Gottheit*

Die innige Zusammengehörigkeit von natürlicher Schöpfung und menschlicher Kulturleistung ist durch das Gotteserleben des Griechen gegeben. Denn das Wirken der Götter wird ja gerade in dem Bereich, der in Natur und Mensch gleichermaßen wirksam ist, erspürt: in dem Bereich des Lebens. Das darf nicht vergessen werden, wenn nach der Deutung des griechischen Tempels gefragt wird.

Wenn auch der Tempel ein Bild des Gottes in seinem Innern birgt, so heißt das noch nicht, daß der Gott *in* diesem Tempel wohnt. Sondern das Bild ist nur das Zentrum seiner Wirksamkeit, die sich außerhalb des eigentlichen Bildes, in der Welt entfaltet. Man muß das Bild des Gottes eher als eine Art Spiegel ansehen, der sensibel ist für das Wesen des Gottes, das sich in dieser bestimmten Landschaft, in der der Tempel steht, auslebt und das dieses sonst verborgene Wirken bewußtmacht.

Dennoch ist das Herzstück jedes griechischen Tempels das Kultbild, das *ágalma*. Dieses griechische Wort kann nicht direkt mit einem entsprechenden deutschen Wort wiedergegeben werden, denn für den Griechen schwingt ein weites Bedeutungsfeld mit. »Das ágalma hat wohl eine Oberfläche: immer eine schöne Oberfläche ... Dazu kommt aber noch eine andere Dimension des Geschehens. Die Oberfläche – ob flach oder plastisch – ist die Quelle dessen, was in der alten Sprache agállō, agállomai heißt ... Zugrunde liegt die verbal als ein Geschehen gefaßte Freude, welches immer auch das *Ding* sei, das diese auslöst. Ob es nur ein Weihgeschenk ist oder ein Kultbild: von ihm geht eine besondere Freude aus. Darin liegt die Tiefe des ágalma.«[76] Agalma kann also nur durch Umschreibung des griechischen Begriffs wieder-

[76] K. Kerényi, Griechische Grundbegriffe, Zürich 1964, S. 40.

Abb. 62   Blick von Nordwesten auf den sog. Poseidontempel von Paestum.

77 op. cit., S. 41.
78 Thutmosis III. kniend, Kairo Museum Nr. 428.

gegeben werden, indem die Freude mit einbezogen wird. Wenn dem Gott eine Statue aufgestellt und ein Tempel errichtet wird, so geschieht dies, damit der Gott an seinem Bild Freude empfinde. »Doch entspricht es der griechischen Religion mehr, daß die Gottheit sich von außerhalb, vom Kosmos her, ihres Bildes erfreut.«[77] Der Gott lebt im Umkreis, im Licht des Kosmos, und sein Bild ist nur der Reflex dieses Lichtes. Die kostbarsten Gottesbilder werden deshalb auch aus Gold und Elfenbein hergestellt, aus Materialien, die mit dem Leuchten des Lichtes verwandt sind. Auch die weniger kostbaren Statuen haben in Griechenland immer eine Beziehung zum Licht: sowohl der weißschimmernde Marmor wie auch das golden reflektierende Erz. Wie anders haben dagegen die Ägypter ihre Materialien gewählt! Dunkle, harte Gesteine wurden bevorzugt, und während der ganzen Kulturzeit Ägyptens wurde nur ein einziges Mal eine kleine Statuette aus Marmor gefertigt.[78]

Was für die Statue zutrifft, daß sie Mittelpunkt der Bewußtwerdung

Abb. 63  Sog. Poseidontempel in Paestum. Ansicht von Norden.

für das göttliche Wirken ist, gilt nun in gleicher Weise auch für den Tempel. Er ist das Zentrum, an dem das göttliche Leben den Menschen bewußt wird und an dem Gott und Mensch Freude haben. Als Weihgeschenk für den Gott wird er errichtet. Das geht auch aus der Tatsache hervor, daß es einige Heiligtümer gibt, in denen mehrere Tempel einem Gotte geweiht sind.[79] Statt von einem Gottes-Haus könnte man in Griechenland eher von einem Schrein sprechen, einem für den Gott geschmückten heiligen Gebäude, das als würdig empfunden wird, ein Bild des Gottes aufzunehmen.

Freude und Bewunderung sind es, die das Bild des Gottes und der Schmuck seines Tempels verbreiten sollen. Denn Schmuck wird immer nur dann angelegt, wenn sein Träger, indem er Bewunderung weckt, auf sein Dasein aufmerksam machen möchte. »Was aber Athen am meisten zum Schmuck und zur Zierde gereichte, was den anderen Völkern die größte Bewunderung abnötigte, ... das waren seine prachtvollen Tempel.«[80] Den Menschen das Dasein der Götter in der

79 z. B. Paestum (mindestens fünf Heratempel), Delos (drei Tempel für Apollon).

80 Plutarch, Perikles, 12.

Allgegenwart ihrer Umwelt bewußtzumachen, war also erste Aufgabe griechischer Tempel.

## 2. Der Tempel als Bild des Menschen und als Bild des Kosmos

Was ein Organismus ist, war dem Griechen durch Beobachtungen am eigenen Körper unmittelbar klar. Denn er war ja durch langjährige gymnastische und sportliche Übungen auf subtile leibliche Prozesse aufmerksam geworden. Für Platon ist dieses feine Empfinden sogar so wesentlich, daß er darin das Wirken der Götter erblickt. Durch sie habe der Mensch diese Fähigkeit erst erworben, und so unterscheide er sich von den anderen Lebewesen dadurch, daß diese »kein Gefühl für Ordnung und Unordnung *in* den Bewegungen, für das also, was man als Rhythmus und Harmonie bezeichnet«,[81] hätten. Dieses Gefühl für Zusammenhänge ist es, welches bei den Griechen auf allen Lebensgebieten geweckt worden ist. Ob eine Rede gehalten, eine Tragödie gespielt[82] oder ein Gedanke entwickelt wird, immer kommt es auf diesen lebendigen Zusammenhang an. Sokrates versucht dies einmal seinen Zuhörern nahezubringen: »Und im übrigen? Hast du nicht den Eindruck, daß der ganze Inhalt seiner Rede wirr durcheinander geworfen ist? Oder erscheint irgendein zwingender Grund, warum das, was an zweiter Stelle gesagt wurde, gerade an die zweite Stelle gesetzt werden mußte, oder sonst etwas, was er gesagt hat? Denn ich ... hatte den Eindruck, der Verfasser habe ganz wacker das gesagt, was ihm gerade einfiel. ... Das wirst du doch zugeben, denke ich: daß jede Rede wie ein Lebewesen organisch aufgebaut sein und ihren *eigenen Leib* haben muß, so daß sie weder ohne Kopf noch ohne Füße ist, sondern Mitten und Enden hat, die so geschrieben sind, daß sie zueinander und zu dem Ganzen in einem passenden Verhältnis stehen?«[83]

Es wird uns nach dem bisher Geschilderten nun nicht überraschen, wenn auch von dem Organismus, den der griechische Tempel darstellt, gesagt wird, daß er aus den Proportionen des menschlichen Leibes abgeleitet ist und wir eigentlich einen in Bauformen umgesetzten

---

81 Platon, Gesetze, 653 e.

82 vgl. S. 78.

83 Platon, Phaidros, 264 b, Hervorhebung vom Autor.

Abb. 64   Die Nordhalle des Erechtheions als Beispiel für die ionische Ordnung

menschlichen Organismus vor uns haben: »Wenn man sich also darüber einig ist, daß die Zahlenordnung *von den Gliedern des Menschen hergeleitet* ist, und daß zwischen den einzelnen Gliedern und der Gesamterscheinung des Körpers eine entsprechende, auf einem Grundmaß (modulus) beruhende Symmetrie besteht, bleibt nur übrig, daß wir denjenigen Anerkennung zollen, die beim Bau der Tempel... die Glieder ihrer Werke so geordnet haben, daß mit Hilfe von Proportion und Symmetrie deren Gliederungen im Einzelnen wie im Ganzen zueinander passend geschaffen wurden.«[84]
Diese Verhältnisse und Symmetrien am menschlichen Körper bewußtgemacht zu haben, ist das Verdienst Polyklets, der sie in seinem berühmten Kanon ausführlich darlegte. Dieses uns verlorene Buch

84  Vitruv, III. Buch, 1. Kap. 9.

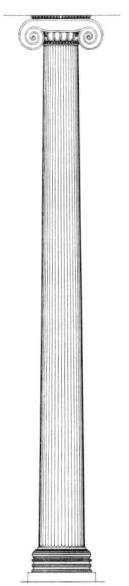

Fig. 19  Ionische Säule = weibliche Proportion.

85 Das Wort Symmetrie hat in Griechenland eine viel weitere Bedeutung als bei uns. Es umfaßt den Begriff der Proportion mit.

86 zitiert nach H. v. Steuben, Der Kanon des Polyklet, Tübingen 1973, S. 71.

87 Vitruv, IV. Buch, 1. Kap. 7.

88 Vitruv, IV. Buch, 1. Kap. 8.

89 Vgl. S. 35.

90 Platon, Phaidros, 270 c.

hatte im Altertum weite Verbreitung gefunden. Die ausführlichste Stelle daraus wird in einem Buch des großen Arztes Galen zitiert, der sich mit dem ganzheitlichen Wirken des menschlichen Organismus naturgemäß intensiv auseinandersetzen mußte: »Die Schönheit liegt in der Symmetrie[85] der Glieder, nämlich eines Fingers zum anderen, aller Finger zur Mittelhand und zur Handwurzel, dieser aller zur Elle, der Elle zum Arm und aller Teile zu allen, wie es im Kanon des Polyklet geschrieben steht. In dieser Schrift zeigte Polyklet alle Symmetrien des Körpers auf...«[86]

Je nachdem, ob die Proportionen nun vom männlichen oder weiblichen Körper abgeleitet werden, ergeben sich verschiedene ›Stile‹: die kräftigen, gedrungeneren Maßverhältnisse des ›dorischen Tempels‹ und die eleganten, leichten Proportionen des ›ionischen Tempels‹ (Abb. 65). »So erfanden sie durch zwei unterschiedliche Entlehnungen vom menschlichen Körper zwei Säulenordnungen, eine vom männlichen Körper ohne Schmuck – nackte Schönheit –, die andere mit fraulicher Zierlichkeit, fraulichem Schmuck und fraulichem Ebenmaß.«[87]

Seit dem 5. Jahrhundert gibt es noch eine Variante des ionischen Stils, die sich von diesem vor allem durch die Form des Kapitells unterscheidet, die korinthische Bauweise. Diese »ahmt jungfräuliche Zartheit nach, weil die Jungfrauen, wegen der Zartheit ihres Alters mit zarteren Gliedern gewachsen, anmutiger im Schmuck wirken«.[88]

Zum Wesen des Organismus gehört der Zusammenhang mit der ganzen Welt, von der er nicht getrennt gedacht werden kann. So reagiert auch der Organismus eines einzelnen Menschen nicht nur auf Licht und Luft und Wasser der Umgebung,[89] sondern auch auf alle Lebensbeziehungen, mit denen er verbunden ist. Ebenso wirken die Menschen seines Umkreises, die Traditionen, in die er eingebunden ist, die Götter, die er erlebt, und alle Lebensäußerungen der Kultur auf ihn ein. Der ganze Kosmos steht mit dem Leiblichen und Seelischen des Menschen in enger Beziehung, und der Grieche erlebt es als seine Aufgabe, sich dieser Zusammenhänge bewußt zu werden. »Glaubst du nun, du könntest die Natur der Seele richtig erkennen, unabhängig von der Natur des Ganzen?«,[90] fragt Sokrates und unterstreicht die Antwort des Phaidros, daß dies nicht einmal beim Leibe möglich sei.

Auch ein gebauter Organismus kann nicht unabhängig von der Natur des Ganzen gedacht werden, so daß der griechische Tempel nicht nur als Bild der menschlichen Organisation, sondern auch als Bild des ganzen Kosmos gesehen werden kann. Schon seiner inneren Struktur nach würde er, wegen seiner Durchproportionierung, die ja den Gesetzen der natürlichen Schöpfung nachgebildet ist, einen Kosmos im Kleinen darstellen. Aber auch in seiner äußeren Gliederung ist er dem Aufbau der Welt entsprechend gestaltet. Denn die hierarchische Ordnung von Göttern, Heroen und Menschen kommt in der äußeren Ordnung von Giebel, Metopen und Säulen[91] zum Ausdruck. Dabei ist der Mensch zwischen Erde (Stufenunterbau[92]) und Himmel, zwischen irdischer und göttlicher Welt, eingespannt, und zwar in vollkommen harmonischer Weise. Jedes Glied des Baues steht mit jedem anderen in Beziehung, aber so, daß die wirkenden Kräfte sich jeweils im Gleichgewicht befinden. Tragen und Lasten, Zentrum und Umraum, Fläche (am Boden) und Gliederung (am Dach) halten sich immer die Waage, und kein Teil entwickelt sich auf Kosten des anderen. Denn »das Gedeihen ... der Gewächse beruht ... darauf, daß keine Naturgewalt das Übergewicht hat, sondern vielmehr ein Gleichgewicht aller Kräfte herrscht«.[93]

Wie ein lebendiger Organismus eines Menschen steht das Bauwerk des griechischen Tempels vor uns, ein Organismus, der als solcher wieder den größeren Organismus der ganzen Welt im Bilde enthält. Aber anders als in Ägypten ist es in Griechenland nicht die Körperlichkeit in ihrer Dichte, die vor dem Blick des Beschauers steht, sondern dasjenige, das die einzelnen Glieder dieses Körpers zur Ganzheit, zum lebendigen Organismus zusammenbindet. Die griechischen Baumeister haben durch ihr feines Gespür diese subtilen Kräftewirkungen und Bewegungen an ihrem eigenen Organismus erlebt, diese sich dann bewußt gemacht und in die Spannungen und Beziehungen der Formen am Tempel hineingestaltet. So ist es kein Wunder, wenn der Eindruck, den ein solcher Tempel hervorruft, nur mit Begriffen beschrieben werden kann, die selbst wieder solche Kräfte- und Bewegungszusammenhänge enthalten: Tragen und Lasten, Spannung (z.B. an der Entasis oder in einer Säulenreihe[94]), Harmonie, Rhythmus, Schönheit, Klar-

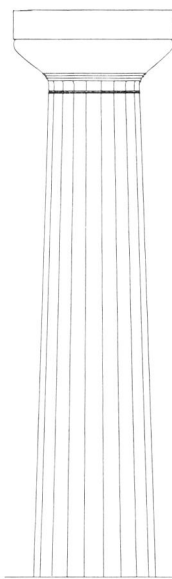

Fig. 20 Dorische Säule = männliche Proportion.

91 Daß die Säulen eigentlich Menschen darstellen, wird nicht nur an den Stellen deutlich, wo wirkliche Menschengestalten das Gebälk tragen, sondern kommt auch in der Benennung der Säule zum Ausdruck: Säule = Stylos, von »sich emporrichten«, oder Kion, von »gehen«; die Säulentrommeln heißen Wirbel, das Kapitell Säulenkopf, der Übergang zwischen Säule und Kapitell heißt Hals. Vgl. F. Ebert, Fachausdrücke des griechischen Bauhandwerks, Bd. 1, Würzburg 1911.

92 Themelion = »zum Grund gehörig« oder Stroma = das »Ausgebreitete« genannt.

93 Hippokrates, von der Umwelt, C. 12.

94 Säulenreihe heißt im Griechischen Tonos, d.h. Spannung.

heit, Symmetrie, Gleichgewicht etc. Alle diese Begriffe sind erst in Griechenland entstanden! Denn es sind alles Begriffe, die Zusammenhänge und nicht nur sinnlich wahrnehmbare Elemente charakterisieren und die das Denken zu ihrem Entstehen voraussetzen. Wir rechnen sie heute zu den abstrakten Begriffen, aber nur deswegen, weil wir die ihnen innerlich zugrundeliegenden Denkbewegungen nicht mehr bemerken. Von Gleichgewicht z. B. können wir nur dann sprechen, wenn ein innerer Vorgang des Abwiegens vorausgegangen ist und die Gewichte, d. h. die gegensätzlichen Bewegungstendenzen der zu vergleichenden Bauglieder, einander entsprechen und sich gegenseitig zur Ruhe bringen.

Was also in den griechischen Tempel als Bild eines lebendigen Organismus eingeprägt ist, kann erst in der Beobachtung der Zusammenhänge erfahren werden, die durch das Denken hervorgebracht worden sind. Insofern kann der Tempel auch als Bild dieser Tätigkeit angeschaut werden.

Abb. 65  Athen, Akropolis, Niketempel, 421 v. Chr. in ionischer Ordnung errichtet.

## 3. Der Tempel als Bild der Denktätigkeit

Aus der Beobachtung, daß sich die Wirkung des griechischen Tempels auf den Betrachter nur dann verstehen läßt, wenn wir den dabei fast unbewußt ablaufenden *Denkvorgang* beachten, ergibt sich eine weitere Bedeutung dieser Bauten. Denn der Mensch übt im Anschauen der Tempel immer wieder seinen Sinn für Zusammenhänge, einen Sinn, der uns erst im Betrachten des Denkprozesses bewußt wird.

Tritt mir in der Welt ein unbekannter Vorgang entgegen, so ruhe ich nicht, bis ich durch mein Nachdenken die dem Vorgang entsprechenden Begriffe gefunden habe. Erst dann ist mir der Zusammenhang klar. Das Denken ist also schlechthin die Zusammenhänge stiftende Potenz. Was wir in der Welt auch als einzelne Wahrnehmungen beobachten, durch das Denken bauen wir diese Einzelheiten wieder in den Zusammenhang der Welt ein.

Die Denktätigkeit selbst ist immer eine Bewegung, ein Vorgang, der in der Zeit abläuft. Und zwar werden verschiedene Wahrnehmungen oder Vorstellungen durch Begriffe in einer gestaltenden Tätigkeit miteinander verbunden. Das Ergebnis, die Erkenntnis, ist dann die fertige Gestalt, der neue Zusammenhang. Aber diese Gestalt ist nicht tot, sondern lebendig, denn in ihr leben alle die einzelnen Elemente, die den neuen Begriff gebildet haben, weiter, aber aufgenommen von diesem Begriff. Die so gebildeten Begriffe existieren nie als einzelne abgegrenzte Gebilde. Sie hängen wieder mit anderen Begriffen zusammen, so daß der Einzelheit der Wahrnehmung die Einheit der Begriffswelt gegenübersteht. »Zweierlei Naturen gibt es, eine sinnlich wahrnehmbare, die im Entstehen und Vergehen der Veränderung und der Bewegung nach allen Seiten unterworfen ist, und eine zweite, ihrem Wesen nach im Denken bestehend, die immer unwandelbar und die gleiche bleibt.«[95] Der Grieche erlebt nun in dieser Einheit der Begriffswelt das Göttliche: »Dem Bleibenden und Göttlichen kommt es doch wohl vielmehr zu, in sich zusammenzuhängen.«[95] Es ist nun ein naheliegender Schritt, in dem Vereinheitlichenden der Welt, dem Licht, dieses Vereinheitlichende der Denktätigkeit wiederzufinden. Denn so, wie das Licht die Welt einheitlich zur Erscheinung bringt, so bringt das Denken den inneren Zusammenhang der Begriffe zur Erscheinung. Denken und Licht sind von großer Reinheit und völliger Selbstlosigkeit. Beide entquellen einer Tätigkeit, die nie sich selbst beleuchtet, sondern immer nur die »Gegenstände«.

Dieses Verhältnis der göttlichen Verbundenheit mit der Welt und einem Bewußtseinszentrum ist nun genau das, was der griechische Tempel in seiner innigen Beziehung zum Licht offenbart. Indem er angeschaut wird, wird sich der Mensch seines Zusammenhangs mit der Welt und mit dem Gott bewußt: »Der Weg zur Ruhe geht nur durch den Tempel der allumfassenden Tätigkeit«, notiert sich einmal Novalis[96] und ergänzt wenig später[97]: »Licht ist die Aktion des Weltalls.« Das ist ganz griechisch gedacht, wo im Tempel das göttliche Zentrum allumfassender Licht-Aktion gesehen wird, aber nicht ein stilles, einsames Gebilde. Das gilt auch für die Lage des Menschen. Macht er sich nur seine Situation als denkendes Wesen klar, so wird er bemerken, wie innig das Denken mit dem Licht verwandt ist und wie absurd es wäre, sich ohne diese die Welt und das Selbst vermittelnde

[95] Plutarch, Über die eingegangenen Orakel, 34, übersetzt von K. Ziegler.

[96] Aus dem »Allgemeinen Brouillon« Nr. 48.

[97] op. cit., Nr. 134.

Tätigkeit vorzustellen: »Für mein Wahrnehmen bin ich zunächst innerhalb der Grenzen meiner Leibeshaut eingeschlossen. Aber was da drinnen steckt in dieser Leibeshaut (das Denken), gehört zu dem Kosmos als einem Ganzen.«[98]

Das göttliche Wesen, das im Licht und im Denken gleicherweise erlebt wird, nennen die Griechen Apollon: »Die meisten der älteren Theologen haben Apollon und die Sonne für einen und denselben Gott gehalten. Die sich aber auf das schöne und weise Verhältnis verstanden und es schätzten, meinten, was der Körper zur Seele, das Gesicht zum Verstand, das Licht zur Wahrheit ist, das sei die Kraft der Sonne zum Wesen Apollons.«[99] Er ist es, der den Menschen die Fähigkeit, denken zu können, geschenkt hat, und er ist es, der von Delphi, seinem zentralen Heiligtum aus, überall das anzuregen versucht, was dieses Denken wecken könnte. Da diese Tatsachen die griechische Kultur ganz eminent mitgestaltet haben und auch der griechische Tempel ohne diese Entwicklung gar nicht verstanden werden kann, sollen sie im nächsten Kapitel genauer angeschaut werden.

[98] R. Steiner, Philosophie der Freiheit, Dornach 1949, S. 131 (Anfang des 6. Kap.).

[99] Plutarch, Über die eingegangenen Orakel, 42.

# Delphi, der Nabel der Welt – Ursprungsort des eigenständigen Denkens

»Kamst nach Krisa am Fuß des schneebedeckten Parnassos,
Dort, wo nach Westen er schaut; die Felswand wuchtet darüber;
Doch in der Tiefe zieht sich ein hohles, steiniges Tal hin.
Dort nun wars, daß zum Bau seines lieblichen Tempels der Herrscher
Phoibos Apollon sich entschloß. Da sprach er die Worte:
Hier gedenke ich wirklich den schönsten Tempel zu bauen.
Stätte der Weissagung werd er den Menschen, sie sollen mir allzeit
Hierher treiben vollendete Hekatomben, so viele
Heimat haben im fetten Gefilde der Insel des Pelops,
Alle auch in Europa und rund auf den Inseln des Meeres.
Fragen werden sie mich – und ich werde ehrlichen Ratschlag
Allen nach Recht und Fug orakeln im schatzreichen Tempel.«[100]

Am Rande eines wilden Gebirges, in karger Umgebung, an reichfließender Quelle – an einem solchem Ort sucht sich Apollon die ihm gemäße Umgebung. Schon seit uralter Zeit gab es an jener Stelle ein Heiligtum, an dem die Erdmutter Gäa verehrt wurde. Aber seit der strahlende Gott im 8. Jahrhundert seinen Einzug in Delphi gehalten und den »blutigen« Drachen der Vorzeit, das Kind der Gäa, getötet hat, blüht das Heiligtum auf und wird zum Zentrum des Griechentums, ja der ganzen Welt. Denn das ist das Besondere dieser heiligen Stätte, daß dort nicht nur die Griechen berechtigt waren, den Gott zu ehren und sein Orakel zu befragen, sondern »alle auch in Europa und auf den Inseln des Meeres«. Damit war Delphi das erste Heiligtum, das weltweit ausstrahlte und nicht nur auf das Wirken innerhalb eines Volkes beschränkt blieb.

Abb. 66 Delphi, Lage des Heiligtums. Im Hintergrund die Phädriaden-Felswände mit der Schlucht, an deren Fuß die kastalische Quelle entspringt.

[100] Homerischer Hymnus an Apollon, 282–293, Übersetzung von A. Weiher.

Abb. 67  Steinerne Nachbildung des Omphalos aus dem Apollon-Heiligtum. Delphi, Museum.

Dieses Zentrum der Welt erhielt sein symbolisches Zeichen durch den Omphalos, den Nabel (Abb. 67). Denn so wie der Nabel die Mitte des Menschen ist, so bezeichnet der Omphalos – ein kostbar geschmückter Stein im Tempel – die Mitte der Welt: »Zwei Adler, so erzählt der Mythos, sollen auf dem Fluge von den äußersten Enden der Erde nach ihrer Mitte in Pytho (=Delphi) bei dem sogenannten Nabel zusammengetroffen sein.«[101]

Das Heiligtum wird von einer Amphiktyonie, einem aus zwölf »Völkern« gebildeten Rat der »Umwohner«, verwaltet. Dazu gehören die nördlich angrenzenden Staaten (Thessaler, Phoker, Dorer), die Ionier aus Attika, die Böoter und einige Staaten der nördlichen Peloponnes.

101  Plutarch, Über die eingegangenen Orakel, 1.

Jedes »Volk« wird durch zwei Personen vertreten, so daß die Ratsversammlung aus 24 Personen besteht. Diese Zahlen sind sicherlich nicht willkürlich gewählt, denn in ihnen offenbart sich ein Bezug zum Kosmos: Zwölf Völker um ein Zentrum scheinen nichts anderes abzubilden als den Gang der Sonne durch die zwölf Bilder des Tierkreises im Lauf eines Jahres, und die 24 Personen scheinen dem Umschwung des Himmels in den 24 Stunden eines Tages zu entsprechen. Diese Deutung geht schon aus der Tatsache hervor, daß sich gerade die Priesterschaft Delphis intensiv mit den Fragen des Sonnen- und Mondenlaufs beschäftigt haben muß, denn von Delphi aus ist die griechische Kalenderregelung eingeführt worden.[102] Um den Lauf des Mondes, der die Monate bestimmt, mit dem Lauf der Sonne in Übereinstimmung zu bringen, haben die Griechen eine Periode von acht Jahren, die sogenannte Oktaeteris, eingeführt, wobei fünf Jahre je zwölf und drei Jahre je dreizehn Monate haben. Dieser *luni-solare* Kalender hat noch die Besonderheit, daß immer der 7. Tag des Monats und im bescheideneren Maße auch der 1., 14., 21. und 28. Tag dem Apollon geheiligt war. Diese Verbindung Apollons mit der Zahl Sieben muß zu seinem Wesen gehören, denn er ist der einzige Gott Griechenlands, dessen Feste unabhängig von den Mondphasen gefeiert werden.

Delphi gehört wie Olympia zu den Stätten Griechenlands, wo zu Ehren des Gottes alle vier Jahre ein großes Fest stattfand.[103] Die großen gymnischen und musischen Agone Delphis zogen viele Athleten, Musiker, Dichter und Zuschauer aus allen Ländern des Mittelmeerraumes an, die sich im Stadion und im Theater des Heiligtums versammelten. Der Lorbeerkranz, der den Siegern als Preis winkte, wurde genauso geschätzt wie der Olivenkranz, den man in Olympia gewinnen konnte. Aber Delphi verdankt nicht nur diesen berühmten Spielen seinen Ruhm, auch nicht der Besonderheit, daß dabei musische Wettkämpfe ausgetragen wurden, sondern vor allem seinem *Orakel*.

---

102 Vgl. dazu M. Nilsson, Geschichte der griechischen Religion, Bd. 1, München 1955, S. 644; und ders., Die Entstehung und religiöse Bedeutung des griechischen Kalenders, Lund 1962².

103 Zum folgenden vgl. G. Roux, Delphi, Orakel und Kultstätten, München 1971.

## 1. Das Orakel

Orakelstätten gab es viele in Griechenland. Es waren dies diejenigen Orte, wo man die Zukunft erfahren und wo Gemeinschaften und Einzelpersonen Hilfe für ihre Lebensführung bekommen konnten. Aber Delphis Bedeutung reichte weit darüber hinaus. Denn hier wurden nicht nur Fragen beantwortet, sondern auch Direktiven gegeben, die vor allem in der Art, in der die Antworten gegeben wurden, die griechische Kultur in ganz bestimmter Richtung impulsiert haben.

Das Orakel war an den Ort des Erdspaltes gebunden, der sich unter dem Tempel Apollons befunden haben soll (Abb. 68). Aus diesem »Chasma Gēs« stiegen die irdischen Dünste auf, denen sich die auf einem Dreifuß über ihm sitzende Pythia aussetzen mußte, um in den prophetischen Zustand hineinzukommen. In diesem Zustand konnte sie dann, von Apollon inspiriert, die an sie gestellten Fragen beantworten. Drei Elemente waren also nötig, um in die göttliche Welt Einblick zu gewinnen: das von der Erde ausgehende Pneuma, der himmlische Einfluß des Sonnengottes Apollon und die Pythia selbst als Mittlerin.[104]

Die Pythia sprach ihre Orakel zunächst nur einmal im Jahr, am siebten Tag des Monats Bysios (Februar/März), dem Geburtstag des Gottes. Erst in späterer Zeit wurden monatliche Sitzungen für die Befrager eingeführt. Aber auch die genügten dem Ansturm der Ratsuchenden noch nicht, so daß die Möglichkeit gegeben wurde, an fast allen Tagen – mit Ausnahme der »gesperrten Tage« – eine außergewöhnliche Befragung des Orakels vorzunehmen. Da eine einzige Pythia dieser Zunahme der Fragen nicht gewachsen war, wechselte sie in der Blütezeit des Heiligtums mit einer zweiten ab, und eine dritte stand in Bereitschaft, um übermäßige Beanspruchungen zu vermeiden.

Der Zunahme der Fragen im Lauf der Geschichte entspricht auch eine Zunahme der Frager. Sind es am Anfang der Wirksamkeit des Orakels nur solche Fragen, die die Führer von Städten und Völkern der Pythia vorlegten und die zum Gedeihen der Gemeinschaften wesentlich waren, so tritt bald die persönliche, egoistische Frage in den Vordergrund. Ist es »heilsamer und besser« eine Reise zu Schiff zu unterneh-

[104] Vgl. P. Boyancé, Sur les oracles de la Pythie, in: Revue des Etudes Anciennes 40/1938, S. 309–316.

Abb. 68  Ruine des Apollontempels von Delphi. Unter dessen Adyton hat sich der Erdspalt befunden, über dem die Pythia saß, wenn sie Orakel gab.

men, sich zu verheiraten, sich Geld auszuleihen, die Herde zu vergrößern oder ähnliches – das sind schließlich nur noch die Probleme der Pilger der späteren Zeiten. Diese »Sozialisierung« der Fragemöglichkeiten hat aber auch eine positive Seite. Viele Menschen beginnen jetzt, selbständig ihr Leben zu planen und selbständig ihr zukünftiges Schicksal zu entwerfen. Zu diesen neuen Fähigkeiten haben sie jedoch noch kein volles Vertrauen, weshalb sie den Gott bei ihren Entscheidungen um Hilfe bitten. Und der Gott antwortet jedem Frager! Ob er arm oder reich ist, ob von hoher oder geringer Abkunft, ob Grieche oder »Barbar«, keiner wird mit seinem Anliegen bevorzugt behandelt. Das großzügige Opfer eines reichen Königs wird nicht höher bewertet als die armselige Spende einiger Körner Getreide eines armen Bauern. Und manche Anekdote erzählt von der für antike Verhältnisse kaum verständlichen Gleichheit der Menschen vor dem Orakel Apollons. Diese Hinwendung des Gottes zu allen Menschen erweckt in diesen ein ungeheures Vertrauen in das Wirken des Gottes, das sich auch durch Jahrhunderte hindurch nicht erschüttern läßt.

Dieses Vertrauen ist um so erstaunlicher, je genauer die einzelnen Fragebeantwortungen untersucht werden. Denn dann bemerkt man, daß dieses Vertrauen nicht auf der einzelnen Aussage eines zeitbedingten Spruches beruhen kann. Er ist sogar dem Fragesteller oft unbequem und mehrdeutig. So wenn z. B. der Lyderkönig Kroisos auf die Frage, ob er gegen die Perser zu Felde ziehen und ob er Bundesgenossen für den Feldzug suchen soll, die Antwort erhält: »Wenn Kroisos gegen die Perser zu Felde zöge, würde er ein großes Reich zerstören.«[105] Als Kroisos dann die Perser bekämpft, aber dabei Sieg und Land verliert, schickt er anklagende Boten nach Delphi zu dem »undankbaren Gott«, dem er vorher reiche Weihgeschenke für den erhaltenen Spruch gespendet hatte und dessen »falsche« Prophetie ihn jetzt ins Unglück gebracht hat. Die Pythia weist die Anklage jedoch weit von sich, denn er »verstand den Orakelspruch nicht und hat selbst nicht weiter gefragt«.[106] Offenbar sind die wenigsten Antworten des Orakels klare Anweisungen gewesen, die man nur in die Tat hätte umzusetzen brauchen. Es wird ein Hinweis gegeben, der Anlaß zu eigenem Denken gibt! »Der Herr, dessen das Orakel zu Delphi ist, spricht nicht aus und verbirgt nicht, sondern gibt ein Zeichen.«[107] Ein solches Zeichen bedarf der Auslegung, der Interpretation durch den Menschen, für den die Antwort bestimmt ist. So bekommen die Athener auf ihre Frage, was sie tun sollen, um der ungeheuren Persergefahr zu begegnen, den Spruch:

»Alles gehört den Feinden, soviel des Kekrops Hügel (= Akropolis)
Und des Kithairons Tiefe, des göttlichen Berges, einschließt.
Nur die hölzerne Mauer schenkt Zeus seiner Tritogeneia (Athena),
Sie allein bleibt heil zur Rettung für dich und die Kinder.«[108]

Kaum ist der Spruch in Athen verkündet, »wurden viele verschiedene

---

[105] Herodot, I, 52.
[106] Herodot, I, 91.
[107] Heraklit, Fragment B 93.

Meinungen laut, was er bedeuten möchte«.[108] Die Interpretation des Themistokles, der die hölzerne Mauer als Schiffe deutet, auf denen sich die Athener zu verteidigen hätten, »gefiel den Athenern weit besser«[108] als die der anderen Ausleger und führt dann auch zum Erfolg. Für die empfangene Hilfe wird dem Gott mit Weihgeschenken gedankt.[109]

## 2. Apollons Wirken bei der Gesetzgebung und im Gerichtswesen der Menschen

Das Vertrauen zu der delphischen Orakelstätte schafft auch die Grundlage für eine weitere Wirksamkeit dieses Heiligtums und seines Gottes. Denn dem delphischen Apollon obliegt es, »die wichtigsten und schönsten und ersten Gesetze aufzustellen: die über den Bau der Tempel (!), über die Opfer und den sonstigen Kult der Götter, Daimonen und Heroen. Und dann auch über die Bestattung der Toten und über die Ehren, die man ihnen erweisen muß, um sie gnädig zu stimmen. Denn auf solche Dinge verstehen wir uns ja nicht, und bei der Gründung der Stadt, werden wir da, wenn wir einsichtig sind, keinem anderen folgen und keinen anderen Deuter brauchen als den Gott, den schon unsere Väter verehrt haben. Ist er doch in solchen Dingen für alle Menschen der angestammte Ausleger und gibt ihnen, in der Mitte der Erde, auf ihrem Nabel sitzend, seine Deutung.«[110] Das delphische Orakel ist in allen kultischen Angelegenheiten diejenige Instanz, an die sich die griechischen Staaten wenden, um die diesbezüglichen Vorschriften zu erbitten. Selbst noch zu Platons Zeiten, in denen die sonstigen Gesetze alle von Menschen erdacht werden, ist das Heiligtum die unbestrittene Autorität: »Aus Delphi aber wird man die auf alles Kultische bezüglichen Gesetze holen, Exegeten für diese einsetzen und ihnen folgen.«[111] Und »keiner, der bei Verstand ist, wird an den Weisungen zu rütteln wagen, die von Delphi ... ausgingen«.[112]

Nicht nur mit der kultischen, auch mit der profanen Gesetzgebung ist Apollon verbunden. Zweierlei Möglichkeiten der Einbeziehung des Gottes sind deutlich. Die eine ist die, daß die betroffenen Städte das Orakel um Hilfe bitten, damit es ihnen durch Hinweise die Art der

108 Herodot, VII, 141–143.

109 Eine Sammlung sämtlicher Orakel von Delphi jetzt in: J. Fontenrose, The Delphic Oracle, Berkeley 1978.

110 Platon, Staat IV, 427 b.

111 Platon, Gesetze VI, 759 c.

112 Platon, Gesetze V, 738 c.

besten Regierung angebe. So senden z. B. die Megarer nach dem Tod ihres grausamen Königs den Boten »Aisymnos, der, was das Ansehen betrifft, keinem Megarer nachstand, zum Gott nach Delphi und fragten, auf welche Weise sie glücklich sein würden. Der Gott antwortete ihm unter anderm, die Megarer würden sich wohlbefinden, wenn sie mit der Mehrheit Rat halten würden.«[113] Nach einer furchtbaren Niederlage der Kyrenaier gegen die Libyer und dem Verlust ihrer Anführer »sandten die Kyrenaier wegen des Unglücks, das ihre Stadt betroffen hatte, nach Delphi und fragten an, welches die beste Ordnung und Verfassung für ihre Stadt sein würde. Die Pythia befahl ihnen, sie sollten sich aus Mantinea in Arkadien einen Gesetzgeber holen. Auf die Bitte der Kyrenaier gaben ihnen nun die Mantineer einen ihrer angesehensten Mitbürger, namens Demonax.«[114]

Aus diesen Beispielen wird wieder die typische Art des Eingreifens Apollons deutlich. Denn der Mensch wird auch hier nicht aus seiner Eigenverantwortung und Selbstbestimmung entlassen, diese wird vielmehr durch die Sprüche der Pythia angeregt und dadurch erst bewußt ergriffen. Das gilt ebenso für die zweite Möglichkeit, durch die der Gott mit der Gesetzgebung der griechischen Staaten verbunden sein kann, die Ernennung oder Anerkennung von Gesetzgebern: »Ein angesehener Spartiate, namens Lykurgos, kam nach Delphi, um sich weissagen zu lassen, und sowie er in das heilige Gemach trat, sprach die Pythia die Worte«[115], »in welchen sie ihn einen Götterliebling nannte, mehr Gott als Mensch«.[116] »Nach einigen Berichten hat die Pythia ihn auch die Verfassung gelehrt, die noch heute in Sparta besteht.«[115] »Dadurch ermutigt, suchte er die Besten an sich zu ziehen und bat sie, mit ans Werk zu gehen.«[116] »Jedenfalls gab er lauter neue Gesetze und sorgte dafür, daß sie streng eingehalten wurden.«[115] Am Ende seines Lebens reiste er nochmals nach Delphi. »Beim Orakel angekommen, opferte er dem Gott und fragte ihn, ob die gegebenen Gesetze gut und hinlänglich seien für das Glück und das Gedeihen des Staates, und als der Gott antwortete, die Gesetze seien gut und der Staat werde in höchstem Ansehen bestehen, solange er nach der Verfassung Lykurgs lebte, schrieb er das Orakel nieder und sandte es nach Sparta.«[117] Der Gott erwählt also durch die Mithilfe der Pythia einen Gesetzgeber, der nach

[113] Pausanias I, 43, 3.
[114] Herodot IV, 161.
[115] Herodot I, 65.
[116] Plutarch, Lykurgos 5.
[117] Plutarch, Lykurgos 29.

eigenem Ermessen und aus eigenen Erfahrungen die Gesetze gibt, aber sie von Apollon bestätigen und gutheißen läßt. Dabei hat sich das Orakel aber nicht auf *eine* Art von Verfassung festgelegt. Die verschiedensten Versuche und Vorschläge werden anerkannt, wenn die durch sie geschaffenen Ordnungen denjenigen, »die mit dem Wesen der Gesetze durch Sachkenntnis oder durch Erfahrungen vertraut sind, nur einleuchtend sind«.[118] Auch die der spartanischen Verfassung extrem entgegengesetzte, nämlich die von Athen, ist von Delphi aus angeregt und bestätigt worden. Denn so wie der Spartiate Lykurgos so hat auch der Athener Solon seine Ernennung als Gesetzgeber dem Apollon zu danken, indem er in Delphi den folgenden Orakelspruch erhielt:

»Setze dich mitten ins Schiff und nimm das Steuer zu Händen!
Viele der Bürger Athens sind dir zur Hilfe erbötig.«[119]

Auch sein Werk hatte zum Ziel, das ungeordnete Durcheinander der erwachenden egoistischen Triebe der Menschen zu einem »Kosmos« (wie man die Staatsordnung der Spartiaten nannte), zu einem funktionierenden Organismus zusammenzuschließen. Er wollte die Bürger daran gewöhnen, »sich gleichsam als Glieder eines Körpers zu fühlen und miteinander zu empfinden«.[120] Jeder sollte seine Aufgabe im Rahmen des Ganzen bewußt ergreifen, weswegen »unter den Gesetzen Solons das eigentümlichste und überraschendste dasjenige ist, welches dem das Bürgerrecht aberkennt, der sich bei einem Bürgerzwist keiner Partei anschließt. Die Absicht dabei ist wohl, daß niemand sich der Allgemeinheit gegenüber gleichgültig und unempfindlich verhalten soll.«[121] Wiederum sollte das Ideal der Griechen auch im Leben einer Stadt verwirklicht werden, die ein lebendiger Organismus sein sollte, wo jeder Teil vom Ganzen weiß und das Ganze im Bewußtsein hat. Das Dasein in einem nicht mehr durchschaubaren bürokratischen System verbringen zu müssen, eingespannt in die Zwänge subalterner Verordnungen und Vorschriften, wäre dem Griechen ein Graus gewesen und hätte sein Lebensgefühl erstickt.

Die erstaunlich schnelle Entwicklung im Leben der griechischen Städte – von der rein autoritativen, auf göttliche Einsetzung gegründeten Führung zur Selbstbestimmung der aus eigener Kraft schöpfenden

118 Platon, Gesetze 632 d.
119 Plutarch, Solon 14.
120 Plutarch, Solon 18.
121 Plutarch, Solon 20.

Persönlichkeit – ist mit dem Wirken des delphischen Apollon eng verbunden. Alles, was das Leben der frühen Griechen bestimmte, wird nach und nach in die eigene Verantwortung der Menschen übergeben. Auch die Einhaltung der Gesetze, die ehedem von den Göttern überwacht wurde, wird jetzt in die Zuständigkeit der Menschen überwiesen. Die Übeltäter und Frevler können nicht mehr durch Gott von ihrer Tat entbunden werden, sondern müssen sich vor menschlichen Richtern verantworten. So schickt Apollon den von den Erinnyen wegen Muttermords verfolgten Orestes, der sich an ihn um Rat und Hilfe wendet, nach Athen, damit er sich dort vor dem vornehmsten Gericht, dem Areopag, der unter seinem Vorsitz tagt, verantworten könne:

»Nimm deinen Weg zu Pallas' Stadt, ...
Dort werden Richter für die Tat, mildernden Worts
Zuspruch wir haben, Mittel, Wege finden dann,
Dich ganz und gar von solchen Nöten zu befrein.«[122]

Die Gesetze, die die Menschen eingerichtet haben, die müssen sie auch selber einhalten. Die Verantwortung liegt jetzt bei ihnen, und der Gott garantiert nur noch den Entschluß, den Gesetzen zu folgen, nimmt ihnen aber die Verantwortung für ihre Taten nicht mehr ab. »Der ganze Rat schwur nun einen gemeinschaftlichen Eid, daß er die Gesetze Solons einhalten werde, und jeder ... gelobte dazu, wenn er in irgendeinem Punkte die Gesetze überträte, eine goldene Bildsäule von seinem eigenen Gewicht in Delphi zu weihen.«[123]

Auch vor Gericht sind alle Menschen gleich. Ob der Beklagte von vornehmer oder einfacher Abkunft ist, ob er arm oder reich ist, seine Taten werden gleich beurteilt und auch gleich bestraft. Das Ansehen eines Menschen wird immer weniger nach äußerlichen Kriterien bestimmt, aber dafür wird mehr und mehr die innere Verantwortlichkeit der Seele hervorgehoben. Das war nicht immer leicht einzusehen. Namentlich aus den Zeiten des Übergangs gibt es eine Fülle von Geschichten, die den Griechen diese Umwendung nach innen vor Augen stellen. Besonders deutlich ist die von Herodot berichtete, wo der reiche Lyderkönig Kroisos voll Stolz den Solon fragt, wen er als

Abb. 69  Das Apollonheiligtum von Delphi mit dem Apollontempel.

122 Aischylos, Eumeniden 79.

123 Plutarch, Solon 25.

den glücklichsten Menschen auf Erden gefunden habe. Als Solon irgendeinen einfachen Bürger aus Athen erwähnt, ist der König unzufrieden und fragt nach dem zweitglücklichsten. Als auch diese Antwort des Solon Kroisos nicht zufriedenstellt, erklärt Solon ausführlich, warum man niemals jemand wahrhaft glücklich nennen kann, der sein Leben noch nicht abgeschlossen habe: »Denn vor seinem Ende darf man niemanden glücklich nennen, sondern höchstens mit seinem Schicksal zufrieden. ... So sprach er und schmeichelte Kroisos nicht. Und weil er ihn keiner Erwähnung für wert erachtet hatte, wurde er entlassen, und Kroisos hielt ihn für einen großen Toren, daß er das Glück der Gegenwart nicht gelten ließ und immer nur auf das Ende hinwies.«[124]

Diese kleine Erzählung ist in zweifacher Hinsicht bemerkenswert. Einmal indem sie darauf aufmerksam macht, inwiefern das äußere, gegenwärtige Glück doch sehr wandelbar ist, dem Menschen nicht nur zufallen, sondern sich ihm auch wieder entziehen kann. Deswegen habe es gar keinen Sinn, nur Glücksgüter zu erstreben. Das andere Mal aber betont Solon, daß man von einem glücklichen Leben erst dann sprechen könne, wenn es ganz abgelaufen sei, wenn von der Geburt bis zum Tod die Ganzheit des Lebenslaufes überblickt werden könne. In dieser Bemerkung kommt wieder der typische Grieche zum Ausdruck, der überall die Zusammenhänge beachtet und auch den menschlichen Lebenslauf, die Biographie, als einen Organismus erfährt, in dem alle Erlebnisse im Zusammenhang gesehen werden müssen.[125]

Die Menschen von den äußeren Zwängen zu befreien, ist eine der Absichten des delphischen Apollon. Das kommt besonders in einer Tatsache zum Ausdruck, deren Denkmäler wir heute noch zu Hunderten in Delphi finden, in der Freilassung der Sklaven.[126] Diese konnten sich nämlich durch eine Summe, die vom Heiligtum Apollons bezahlt wurde und die sie vorher zum größten Teil dort dafür gespart hatten, durch den Gott freikaufen lassen. Der Handel wurde durch einen öffentlich eingemeißelten Vertrag im Heiligtum bekannt gemacht, und der ehemalige Sklave war fortan ein freier Bürger, der sich selbst bestimmen konnte.

---

124 Herodot I, 33.

125 Inwiefern diese Gabe mit dem Wirken Apollons verbunden ist, vgl. S. 125.

126 Vgl. hierzu T. Dempsey, The Delphic Oracle, Oxford 1918, S. 108 f.

## 3. Delphi als Geschichtsspiegel

Was im Orakelwesen, für die Gesetzgebung und das Gerichtswesen an Anstößen von Delphi ausgeht, das wird bald allgemeine Empfindungsgrundlage der Griechen in all ihren Handlungen. Auch ihre geschichtlichen Taten schreiben sie nicht mehr göttlichen Eingebungen oder energischen Königen zu, sondern den eigenen Entschlüssen. So führt z. B. Perikles in seiner berühmten Rede für die Gefallenen Athens im ersten Jahr des Peloponnesischen Krieges aus: »Von den Kriegstaten.... ein großes Gerede zu machen, ist nicht meine Absicht. Ihr kennt sie, und ich will das lassen. Welche Haltung uns aber zu solcher Leistung befähigte, welche Verfassung sie ermöglichte, welche Gesinnung ihre Größe wirkte, das will ich zunächst darlegen und dann erst mich zum Preise der Gefallenen wenden. Denn ich glaube, eine solche Darstellung ist hier nicht fehl am Platze, aber auch für die ganze Versammlung, Einheimische und Fremde, nützlich zu hören. Wir haben eine Verfassung, die nicht den Satzungen unserer Nachbarn nachgebildet ist. Viel eher sind wir selbst für andere ein Muster, als daß wir andere nachahmten. Mit Namen heißt sie, weil sie nicht Sache weniger, sondern der großen Mehrzahl ist, Volksherrschaft. Und in der Tat sind vor dem Gesetz hinsichtlich ihrer persönlichen Belange alle Bürger gleich. Was aber die öffentliche Geltung, das Ansehen des einzelnen, meine ich, betrifft, so gibt nicht Zugehörigkeit zu einer höheren Schicht, sondern nur persönliche Tüchtigkeit den Vorzug im Gemeinwesen, wie auch Armut und bescheidene Herkunft einen leistungsfähigen Bürger nicht vom politischen Erfolg ausschließen.«[127] Was aber als Handlung eines solchen Staatswesens nach außen Erfolg gehabt hat, das wird in Delphi dokumentiert. Von jedem bedeutenderen geschichtlichen Ereignis gibt der Grieche Kunde ins Heiligtum Apollons, indem er entweder dem Gott ein kostbares Weihgeschenk macht, eine Statue oder eine Statuengruppe aufstellen läßt oder direkt den zehnten Teil der Siegesbeute, einschließlich der besonderen Trophäen, im heiligen Bezirk ausstellt.

Nur einige wenige solcher Weihgeschenke seien hier genannt: das Schatzhaus der Athener (erbaut nach dem Sturz der Tyrannis, 507

[127] Thukydides, Geschichte des Peloponnesischen Krieges, II 36–37.

Abb. 70 Das Apollonheiligtum mit dem Tempel und der zu ihm führenden heiligen Straße, an deren Seiten die Weihgeschenke aufgestellt waren.

Abb. 71 Das Schatzhaus der Athener, das nach dem Sturz der Tyrannenherrschaft in Athen von der Stadt errichtet wurde (507 v. Chr.).

v. Chr.) (Abb. 71); davor auf einem Sockel ein Teil der Beute von Marathon (490 v. Chr.); ein Denkmal der Athener am Eingang zum heiligen Bezirk nach der Schlacht von Marathon; die Halle der Athener mit den Trophäen der Seeschlacht vor Salamis (480 v. Chr.) (Abb. 72); der auf drei sich verwindenden Schlangen stehende Dreifuß für die Schlacht der Griechen gegen die Perser bei Plataä (479 v. Chr.); der Dreifuß der Deinomeniden (Gelon und Hieron von Syrakus) nach dem Sieg über die Karthager bei Himera (480 v. Chr.); die goldene Palme der Athener nach dem Sieg über die Perser am Eurymedon (468 v. Chr.); das Schatzhaus von Syrakus für den Sieg über die Athener (413 v. Chr.); das Denkmal der Spartaner für ihren Sieg über die

Abb. 72  Die Halle der Athener, die sie nach der Seeschlacht von Salamis (480 v. Chr.) zur Aufstellung ihrer Trophäen errichten ließen.

Athener bei Aigos Potamoi (405 v. Chr.); ein Goldkrater der Römer aus Veji (396 v. Chr.) im Schatzhaus von Massilia im Athenabezirk; die Statuengruppe der Arkader für ihren Sieg mit den Thebanern unter Epameinondas gegen die Spartaner (370 v. Chr.); der Pfeiler des Aemilius Paulus für seinen Sieg über Perseus von Makedonien bei Pydna (168 v. Chr.); usw.

Wenn ein Grieche den heiligen Bezirk in Delphi durchschritt, bekam er ein Bewußtsein vom geschichtlichen Zusammenhang. Denn was sonst nur als zeitlicher Prozeß nacheinander zu denken war, fand er hier nebeneinander im Raume vor, wie in einem großen Weltgedächtnis zusammengetragen. Was die einzelnen Städte und Staaten im lebendigen Ringen miteinander im Ablauf der Geschichte erlebten, hier konnte es neu lebendig werden und vor das geistige Auge des Besuchers treten. Zweierlei wurde damit erreicht: Zum einen wurde dem Griechen der Sinn für den Lebensprozeß der Geschichte[128] zum Bewußtsein gebracht, was für jeden denkenden Menschen, der nicht nur in den Tag hineinleben, sondern seine Handlungen zielvoll führen will, eine Notwendigkeit ist; und zum anderen wurde offenbar, daß Delphi selbst als der Mittelpunkt des geschichtlichen Werdens der Menschheit angesehen werden sollte. Das wurde ja auch schon durch den Mythos von den zwei Adlern gesagt, vom Omphalos gekennzeichnet und von der Amphiktyonie gelebt. Aber die Aufmerksamkeit darauf gelenkt zu haben, daß sich Apollon im Mittelpunkt des Weltgeschehens befindet, ist erst durch die Besonderheit des delphischen Heiligtums, in dem die geschichtlichen Denkmäler gesammelt und aufgestellt wurden, in die Empfindungen der Menschen aufgenommen worden.

## 4. Apollon und die Musen

Die heiligsten Feste zu Ehren Apollons, die alle vier Jahre in Delphi stattfindenden Pythien, zeichneten sich vor allen anderen panhellenischen Spielen dadurch aus, daß der Gott auch mit musischen Wettkämpfen gefeiert wurde. Diese Besonderheit ist ganz einmalig und gehört wohl zu den auffälligsten Darbietungen, die der Verehrung des Gottes galten.
Der älteste Agon war der »kitharodische Nomos«, in dem es galt, ein in seinem Aufbau vorgeschriebenes Preislied auf Apollon mit Kitharabegleitung vorzutragen. Bald trat ein Wettkampf der Flötenspieler hinzu und der des »Pythikos Nomos«, eines mit Flöten und anderen Instrumenten begleiteten Chorwerkes, das aus fünf Teilen bestand, die den Kampf Apollons mit dem Drachen möglichst realistisch vergegenwärtigen sollten: 1. Die Prüfung, in der Apollon den Ort untersucht, wo der Kampf stattfinden soll; 2. die Herausforderung des Drachens; 3. der Kampf gegen den Drachen; 4. der Sieg über den Drachen und

---

128 Vgl. dazu B. Snell, Die Entdeckung des Geistes, Göttingen 1975, S. 149.

5. der Triumphtanz zu Ehren seines Sieges. Dieses in der Abfolge der einzelnen Sätze einer Sinfonie vergleichbare Werk bildete den Höhepunkt des Festes. Später kamen noch Wettbewerbe für Kithara-Solostücke, Chöre, Chortänze, poetische und dramatische Agone und sogar ein Malwettbewerb hinzu. Diese musischen Herausforderungen trugen viel dazu bei, daß sich die Künste in Griechenland so unglaublich schnell entwickelten.

Als Preis winkte den Siegern in den einzelnen Disziplinen nur ein Lorbeerkranz. Wer ihn aber gewann, der errang unsterblichen Ruhm für sich, seinen Vater und seine Heimatstadt, deren Namen der Herold feierlich mit ausrief. Durch ihn lebte er weiter im Bewußtsein seiner Mitmenschen, über den Augenblick und über sein eigenes Leben hinaus. Auch der Hervorragendste empfand sich als Angehöriger eines größeren Organismus, und der Ruhm, den er erwerben konnte, erklang in der ganzen griechischen Welt. Es war ein Vorrecht der Sieger, diesen Ruhm durch Hymnen dem Volks-Organismus mitteilen zu dürfen, und der Auftrag, einen solchen Hymnus zu komponieren, kam nur den berühmtesten Dichtern zu. Unter diesen trat besonders Pindar hervor, dessen pythische und olympische Oden von allen Griechen am höchsten bewundert wurden. Sein eiserner Thron, »auf dem er gesessen habe, wenn er nach Delphi kam und auf dem er die Gesänge gesungen habe, die sich auf Apollon beziehen«[127], war später im Inneren des delphischen Tempels, in der Nähe des heiligsten Ortes, zu bestaunen.

Daß man Apollon durch musische Agone feiern konnte, hängt mit dem Wesen des Gottes zusammen. Er zeichnete sich durch alle diejenigen Eigenschaften aus, die der Grieche mit dem Musischen verband. »Die Leier will ich lieben und den geschwungenen Bogen, und künden will ich den Menschen des Zeus untrüglichen Ratschluß!« – das sind im Homerischen Hymnus[128] die ersten Worte des neugeborenen Apollon. Seiner Inspiration verdanken die Dichter ihre Gabe – »Von den Musen und dem Ferntreffer Apollon stammen alle Sänger und Leierspieler«[129] – und seinem Wirken die Menschen jedwede Bildung: »Es jammerte die Götter des schwer belasteten Menschengeschlechts. Darum richteten sie zur Erholung der Menschen die Götterfeste ein

---

127 Pausanias X, 24, 5.
128 Homerischer Hymnus an Apollon 131.
129 Hesiod, Theogonie 94.

und gaben ihnen die Musen, den Musenführer Apollon und Dionysos. ... Während nun aber die anderen Lebewesen kein Gefühl für Ordnung oder Unordnung in den Bewegungen besitzen, das heißt für Rhythmus und Harmonie, ist uns Menschen dieser Sinn und seine Lust von eben diesen Göttern geschenkt worden. ... Sie sind es, die unsere Bewegungen leiten und unsere Reigen anführen, indem sie uns durch das Band der Tänze und Gesänge miteinander verknüpfen. ... Wir wollen also festhalten, daß der Anfang der Bildung durch die Musen und durch Apollon geschieht.«[130] Was den Menschen über seine Natürlichkeit hinaushebt und ihn erst zum eigentlichen Menschen macht – der musische Bereich –, das verdankt der Grieche Apollon. Die griechische Kultur beruht darauf, daß das Ideal der musischen Bildung vom Menschen erkannt und ergriffen werde: »Denn wodurch sich der Mensch vor dem Tier und der Grieche vor dem Barbaren auszeichnet, ist, daß er besser gebildet ist zum Denken und zum Reden.« Diesen Satz spricht der Zeitgenosse Platons, Isokrates, in einer Mahnrede an die Athener aus,[131] um sie dazu zu bewegen, sich mehr in den eigentlichen menschlichen Künsten zu üben. Denn »für die Menschen, denen die Musen ihre Huld zuwenden, liegt der schönste Gewinn doch darin, daß Bildung und geistige Tätigkeit ihre natürlichen Anlagen veredeln, und so finden sie, geführt von der Vernunft, den Mittelweg und lernen es, das Übermaß zu meiden«.[132] Darin gehen ihnen ihre großen Vorbilder, die Sieben Weisen, voran.[133] Es sind bedeutende Gestalten der griechischen Frühzeit, die das Ideal des weisen Menschen als erste darleben und für die Ordnung der menschlichen Gemeinschaft einsetzen. Als große Gesetzgeber, Schiedsrichter und Ratgeber sind sie in die Geschichte eingegangen. Ihre Handlungen rechtfertigten sie aus dem inneren Überblick über die Zusammenhänge und nicht auf Grund dessen, daß ihnen die Macht zur Verfügung gestanden hätte.

Die Legende verbindet die Sieben Weisen mit Delphi, wo sie sich getroffen und ein Symposion veranstaltet haben sollen.[134] Die Summe ihrer Weisheit haben sie in kurzen, prägnanten Formeln Apollon zum Geschenk gemacht. Diese sind, für jeden sichtbar, am Eingang seines Tempels, auf Stelen eingeschrieben gewesen (Abb. 73). Allen voran das berühmte Wort des Thales: »Erkenne dich selbst«, das wohl auch

130 Platon, Gesetze, 653 d.

131 zitiert nach B. Snell, Die Entdeckung des Geistes, Göttingen 1975, S. 232.

132 Plutarch, Coriolanus 1.

133 Vgl. dazu B. Snell, Leben und Meinungen der Sieben Weisen, München 1971.

134 Vgl. Platon, Protagoras 343 a.

direkt als Aufforderung des Gottes verstanden wurde. Es folgten die Sprüche, die in aller Munde waren: »Alles mit Maß«, »Erkenne den rechten Augenblick«, »Alles ist Übung« u. a. In ihnen könnte man fast eine Lehre des delphischen Apollon erkennen, der die Menschen ja immer und überall zum Denken anregen möchte, ihnen aber keine konkreten Handlungsanweisungen gibt. Die Verbindung der Sieben Weisen mit Apollon wird auch noch dadurch vorbereitet worden sein, daß es einen alten Mythos gab, der von den sieben Söhnen des Sonnengottes erzählte, »die die weisesten Gedanken unter den früheren Menschen empfingen«.[135] Daß es gerade sieben sind, hängt wohl mit der engen Beziehung, die zwischen dem Sonnengott, der Sonne und den übrigen Planeten besteht, zusammen, die uns schon einmal bei der Heiligung des siebten Tages begegnet ist.[136] Wahrscheinlich steckt uraltes orientalisches Weisheitsgut dahinter, das auf dem Wege über die Kalenderfragen in Delphi bekannt und aufgenommen wurde.

In den späteren Jahrhunderten ist immer wieder die Geschichte erzählt worden, wie die Sieben Weisen, oder einzelne von ihnen, an den Hof des Königs Kroisos von Lydien kommen und sich mit ihm unterhalten. Dabei ist Kroisos das Urbild eines orientalischen Potentaten, der nicht verstehen kann, wieso die selbständigen und selbstbewußten Griechen ihn nie als einen besonders glücklichen oder besonders reichen oder auch nur als hervorragenden Menschen schätzen. Und jedesmal antworten die Weisen, »daß man nicht die für die Reichsten halten dürfe, die die meisten Schätze gesammelt haben, sondern die, die das Denken für den größten Schatz halten. Denn das Denken wird durch nichts anderes aufgewogen.«[137] Das ist ganz im Sinne Delphis. Denn von dort gehen die mannigfaltigsten Impulse aus, um das Denken in den Menschen zu erwecken.

Am deutlichsten kommt dieser Impuls vielleicht in der Person des Sokrates selbst zum Ausdruck. In seinem Leben erhält er immer wieder Anstöße aus Delphi, die ihn dazu bewegen sollen, sich als »Geburtshelfer des Denkens« zu betätigen. Noch kurz vor seinem Ende im Gefängnis dichtet Sokrates einen Hymnus auf Apollon. Nach der Ursache seines so ungewöhnlichen dichterischen Bemühens gefragt, schildert er, wie »immer wieder in dem nun vergangenen

Abb. 73  Die Ostseite des Apollontempels mit dem vor dem Tempel befindlichen Altar. Die Stelen mit den Sprüchen der Sieben Weisen befanden sich gleich hinter dem Eingang, zu dem die schräge Rampe hinaufführte.

135 Pindar, Olymp. Ode 7, 71.
136 Vgl. S. 105.
137 Diodor 9, 27.

Leben der gleiche Traum zu ihm kam, bald in dieser, bald in jener Gestalt. Und jedesmal sagte er dasselbe zu ihm: ›Sokrates‹ sprach er, ›beschäftige dich mit allem Fleiße mit der musischen Kunst‹.«[138] Und als eine solche Betätigung in der musischen Kunst versteht Sokrates immer das, worum er sich sein Leben lang bemüht hatte, »denn das Philosophieren ist doch die höchste Musenkunst«.[138] Falls aber der Gott doch nur die »gewöhnliche Art der musischen Kunst« gemeint habe, so glaubt er, »es sei doch sicherer«, wenn er auch diese Pflicht noch erfüllen würde – und versucht deswegen, jenen Hymnus auf Apollon zu dichten.

Daß es sich aber wirklich nicht um die gewöhnliche Musenkunst gehandelt haben kann, ist ganz klar aus der Begebenheit ersichtlich, die Platon in der Apologie des Sokrates beschreibt. Dort wird berichtet, wie ein Freund des Sokrates an das delphische Orakel die Frage richtete, ob jemand weiser sei als Sokrates. Und die »Pythia antwortete, daß niemand weiser sei«.[139] Trotz dieser scheinbar ganz eindeutigen Antwort verhält sich Sokrates nun genau so, wie sich jeder Empfänger eines delphischen Orakelspruchs verhalten hätte, und fragt nach der Auslegung: »Was meint wohl der Gott, und was ist der Sinn seines rätselhaften Ausspruchs? Denn ich bin mir doch weder im Großen noch im Kleinen einer besonderen Weisheit bewußt.«[140] Darauf folgt dann die nette Geschichte, wie der Weise auf die Suche geht nach einem, der weiser ist als er. Dabei kommt er zuerst zu den Politikern, dann zu den Dichtern, dann zu den Handwerkern, und überall muß er feststellen, daß sie zwar von vielen Menschen, »am meisten aber von sich selbst für weise gehalten werden, daß sie es aber nicht sind«;[140] und das versucht er ihnen dann klarzumachen. Daraus entstehen ihm zahlreiche Feindschaften. Dabei muß man berücksichtigen, daß ihn eine Menge junger Schüler auf seinen Erkundungsgängen begleiten und dem Disputieren zuhören. Diese versuchen dann ihrerseits wieder, Sokrates nachahmend, von sich aus weitere Leute zu prüfen usw. Aber trotz dieser Anfeindungen verfolgt Sokrates seine ihm aufgetragene Aufgabe weiter, »geht auch jetzt noch umher und prüft und forscht im Sinne des Gottes«.[141] Denn, so sagt er von sich, »ich hätte gewiß übel gehandelt, ... wenn ich da, wohin mich, wie ich glaubte

---

138 Platon, Phaidon, 60 d–61 a.

139 Platon, Apologie des Sokrates, 21 a.

140 op. cit. 21 b.

141 op. cit. 23 b.

und annahm, der Gott hinstellte, damit ich im Streben nach Weisheit leben und mich und die anderen prüfen solle, wenn ich da aus Furcht vor dem Tode oder irgend etwas anderem meine Aufgabe im Stiche gelassen hätte«.[142] Die Menschen aufzuwecken und zum Denken zu bewegen, »befiehlt mir der Gott (= Apollon), und ich glaube, daß euch in der Stadt noch keine größere Wohltat widerfahren ist als dieser Dienst, den ich dem Gott leiste. Denn wenn ich umhergehe, tue ich nichts anderes, als euch, jung und alt zu überreden, nicht mehr so sehr für den Leib zu sorgen, noch für das Geld, sondern mehr um die Seele und darum, daß sie möglichst gut werde.«[143]

»Mir ist das, wie gesagt, von dem Gotte zu tun befohlen, durch Weissagungen, durch Träume und auf jede Weise, mit der jemals eine göttliche Berufung einem Menschen irgend etwas aufgetragen hat.«[144] Was hier bei Sokrates in einer Person wie in einem Brennpunkt als Wirksamkeit des delphischen Apollon aufstrahlt, das wird auch überall in Griechenland in gleicher Weise erfahren: »Unser lieber Apollon, so scheint es, heilt zwar die Nöte des Lebens und löst seine Fragen, indem er den Orakelsuchenden Antwort erteilt; die Probleme der Erkenntnis aber überläßt er dem philosophisch Begabten und gibt sie ihm auf, indem er seiner Seele einen Trieb einpflanzt, der ihn zur Wahrheit leitet.«[145] Das Ideal, das schon bei den Sieben Weisen aufleuchtete, nämlich aus der Bewußtheit des Geistes zu handeln, das wird durch den Gott von Delphi auf das ganze griechische Leben ausgestrahlt und begründet eine neue Humanität.[146] Diese beruht nicht mehr auf autoritativen Vorschriften, die von außen kommen, sei es vom Herrscher, von den Göttern oder aus der Tradition, sondern auf der eigenen selbständigen, zur Einsicht führenden Tätigkeit des Denkens. Apollon ist der große Erzieher der Menschen, der durch sein Orakel, seine Feste, seine Ratschläge »den Griechen rät und sie ermahnt, stets Ruhe und Frieden zu wahren, im Dienste der Musen um den Preis der Weisheit zu streiten, nach Vernunft und Recht ihre Streitigkeiten zu schlichten und die Waffen niederzulegen«.[147] Am deutlichsten kommt diese Erziehungsaufgabe des Gottes in einer Geschichte zum Ausdruck, die Plutarch überliefert. Er berichtet, daß die Bewohner von Delos sich an Platon gewendet hätten, um ihn um die Auslegung eines ihnen unver-

---

142 op. cit. 29 a.

143 op. cit. 30 a.

144 op. cit. 33 a.

145 Plutarch, Über das E in Delphi, 1.

146 Vgl. W. Schadewaldt, Der Gott von Delphi und die Humanitätsidee, Athen 1965, S. 9.

147 Plutarch, Über den Daimon des Sokrates, 7.

ständlichen delphischen Orakelspruchs zu bitten. »Der Spruch lautete, den Deliern und den übrigen Griechen werde eine Erlösung von ihren gegenwärtigen Leiden zuteil werden, wenn sie den Altar in Delos verdoppelten. Da sie nun den Sinn nicht zu erfassen vermochten und beim Umbau des Altars lächerliche Ergebnisse erzielten – denn durch Verdoppelung jeder der drei Seiten des Kubus brachten sie unvermerkt einen auf das Achtfache vergrößerten Raumgehalt zustande aus Unkenntnis des Verhältnisses, das durch die lineare Verdoppelung hervorgebracht wird – so riefen sie Platon als Helfer in ihrer Verlegenheit an. Er erwiderte ihnen ... diese Aufgabe werde Eudoxos von Knidos oder Helikon von Kyzikos für sie lösen. Doch sollten sie nicht glauben, dies sei es, was der Gott verlange, sondern er befehle allen Griechen, Krieg und Übeltun aufzugeben, sich dem Dienste der Musen zu widmen, durch Philosophie und Wissenschaft ihre Leidenschaften zu mäßigen und so ohne Schädigung unter gegenseitiger Förderung miteinander zu leben.«[147]

## 5. Phoibos Apollon

Mit der Entwicklung des Denkens ist auch die Entwicklung der Tugenden verbunden. Um dieses Thema kreisen viele philosophische Gespräche, die aber immer damit enden, daß konsequentes Denken schließlich zur Wahrheit führen muß. Deswegen möchte z. B. Plato in der Erziehung das Lehrfach der Arithmetik einführen, weil es sich zeigt, »daß es die Seele zwingt, mit Hilfe des einsichtigen Denkens die Wahrheit selbst zu suchen«.[148] Damit wird auch die Seele von allen ihr nur persönlich anhaftenden Meinungen befreit, von ihren Begierden und Leidenschaften gereinigt und zu den wahren Tugenden hingelenkt. »Vernünftige Einsicht allein ist die wahre Münze, für die man alles eintauschen soll. Und nur das alles, was mit ihr gekauft wird, ist wirkliche Tapferkeit und Besonnenheit und Gerechtigkeit, mit einem Wort: wahre Tugend ... Wird aber dies alles ohne die Einsicht gegeneinander eingetauscht, dann ist eine solche Tugend nur ein Trugbild, ... das nichts Gesundes oder Wahres an sich hat. Das Wahre aber ist

148 Platon, Politeia, 526 a.

nichts anderes als eine Reinigung von alledem.«[149] Nun ist es auch ohne weiteres verständlich, inwiefern gerade Apollon, also derjenige Gott, dem der Mensch das Denken verdankt, mit dem Beinamen Phoibos, d. h. »rein« und »heilig«, bezeichnet wird. So haben die Dichter das Wort verstanden, sie verwendeten dasselbe Wort zur Charakterisierung des Sonnenlichtes und des Wassers. Und so wird auch das lichthafte Wesen des Denkens am treffendsten beschrieben. Denn »in der Tat bietet die Philosophie Genüsse von wunderbarer Reinheit und Beständigkeit«.[150]

Was auf der Seite des Geistes beobachtbar ist, das zeigt sich auch nach außen. Da erscheint Apollon als der Gott, der mit Reinigungen und Sühnungen verbunden ist. Er reinigt den Schuldigen von der Befleckung, die ihm unheilvoll anhaftet, reinigt die Stadt von einer Plage, die sie heimsucht, und wird so der große Heiler, der die aus Schuld und Irrtum erzeugten Übel wieder besiegen kann. Was das Leben an unheimlichen Hemmnissen bringen kann, wird durch die Hilfe des Gottes einer Klärung zugeführt. Im Grunde genommen ist auch das »Erkenne dich selbst«, das er dem in seinen Tempel Eintretenden zuruft, nichts anderes als eine Aufforderung zur Reinigung des undurchschauten und ungeklärten Seelenlebens.

Apollon teilt mit dem himmlischen Licht die Reinheit. Indem dieses Licht als Denken von der Seele aufgenommen wird, hat sie teil an der Reinheit des Gottes. Apollon wird so der wahre Lichtbringer (Apollon Loxias) für den Menschen und hilft ihm, sein wahres Selbst zu entdecken: »Ein solches Leben aber wäre übermenschlich, denn man kann es in dieser Form nicht leben, sofern man Mensch ist, sondern sofern ein göttliches Element in uns wohnt. ... Ist also ... der Geist etwas Göttliches, so ist auch ein Leben im Geistigen, verglichen mit dem menschlichen Leben, etwas Göttliches. Wir sollen aber nicht den Dichtern folgen, die uns mahnen, als Menschen uns mit menschlichen ... Gedanken zu bescheiden, sondern soweit wir können, uns zur Unsterblichkeit erheben und alles tun, um unser Leben nach dem einzurichten, was in uns das Höchste ist ... Man darf aber geradezu sagen, daß dieses Höchste unser wahres Selbst ist.«[151] Die Identität von wahrem Selbst und dem Leben des Göttlichen im Menschen ist das höchste Erlebnis,

149 Platon, Phaidon 69 a.

150 Aristoteles, Nikomachische Ethik 1177 a 5.

151 Aristoteles, Nikomachische Ethik 1177 b (Buch X,7) Übersetzung von F. Dirlmeier.

zu dem es der Grieche bringen konnte, wenn er die Wege des Denkens beschritt. Und so lautet seine Antwort auf den Gruß des Gottes, der ihn in Delphi mit dem »Erkenne dich selbst« empfing: »Du bist!«[152]
Aus dem Vorangehenden wird deutlich, inwiefern die ständigen Anregungen des delphischen Gottes die Griechen zur »Entdeckung des Geistes« brachten. Mit dieser kurzen Formel hat Bruno Snell das charakterisiert, was ihm das Entscheidende an der Kultur der Griechen zu sein scheint, nämlich, daß sie »als erste die Grundfunktionen des Geistes erkannt haben: wie er Ursprung sein kann von Erkennen, Fühlen und eigenem Handeln«.[153] Damit tritt jetzt eine Fähigkeit bei allen Menschen auf, die vormals nur bei einzelnen Personen oder kleinen Gruppen von Menschen durch Schulung erreicht worden ist. Der Angehörige des ägyptischen Volkes z. B. hat die Anweisungen eines Weisen oder eines Pharaos so hingenommen, wie sie gegeben waren. Sie wurden auf die Autorität ihres Urhebers hin ausgeführt und brauchten weder begründet zu werden noch einsehbar zu sein. Diese Bewußtseinshaltung ist typisch für die ganze alte Welt vor dem Auftreten der Griechen. In dem Moment aber, in dem die neue Fähigkeit geschichtlich wirksam zu werden beginnt, beginnt auch die Wirksamkeit Apollons, beginnt die Entwicklung des selbständigen Denkens.

Das Denken ist eine Tätigkeit, die nicht an eine bestimmte Gruppe von Menschen und nicht an ein bestimmtes Volk gebunden ist. Ob ein Gedanke von einem Griechen, einem Römer oder einem Phönizier gedacht wird, hat für seinen Wahrheitsgehalt gar keine Bedeutung. Was wahr ist, kann von allen Menschen durch das Denken gefunden werden, wenn sie nur von gleichen Voraussetzungen oder gleichen Bedingungen ausgehen. Es ist daher geradezu notwendig, daß eine Stätte, von der aus die Entwicklung des menschlichen Denkens angeregt wird, ihr Wirken nicht national ausrichtet, sondern das Bewußtsein der Menschheit zu erreichen sucht.

Auf zweierlei Weise ist diese Offenheit für die Menschheit in Delphi zu bemerken. Zum einen ist Delphi das Zentrum, die Mitte der Welt, die allen Menschen, unabhängig von ihrer Volkszugehörigkeit und ihrem Glauben, erlaubt, das Orakel zu befragen und Apollon zu verehren. Zum andern aber bewirkt Delphi geradezu planmäßig die Ausbreitung

---

152 Plutarch, Über das E in Delphi, 17.

153 Bruno Snell, Die Entdeckung des Geistes, Göttingen 1975[4], S. 291.

der Griechen und damit der griechischen Kultur. Seit dem Ende des 8. Jahrhunderts scheint die sogenannte »große Kolonisation«, das heißt die systematische Ausbreitung der Griechen nach Unteritalien, Sizilien und an die übrigen Küsten des Mittelmeeres und des Schwarzen Meeres, von Delphi geleitet oder mitbestimmt worden zu sein. Apollon Archēgetes benennt die Oikisten, die Führer der Auswanderer, gibt die Örtlichkeiten an, wo die neuen Siedlungen liegen sollen, sagt, welche Kulte die Siedler einrichten und welchen Göttern sie opfern sollen:[154]

»Phoibos' Schritten folgten die Menschen, wenn sie der Städte Umkreis maßen, denn stets ist Phoibos gnädig der Städte Gründung; und Phoibos selbst errichtet die Fundamente.«[155]

Vom Beginn seiner Geschichte an hat das Griechentum die Tendenz sich auszubreiten. Nicht so sehr auf staatlicher Ebene, wo die einzelnen Städte bald eine nach der anderen in die sich entwickelnden größeren staatlichen Einheiten aufgenommen werden, aber auf kulturellem Gebiet. In der »großen Kolonisation« und im Zuge Alexanders des Großen nach Asien, der durch seine Städtegründungen den ganzen alten Orient mit griechischer Kultur durchsetzt und bleibend mit ihr verbindet, wird diesbezüglich die größte Wirksamkeit entfaltet. An den Ufern des Flusses Oxus (zwischen Afghanistan und Rußland), wurde z. B. vor wenigen Jahren eine von einem Gefährten Alexanders des Großen gegründete Stadt entdeckt. Aus dem Mausoleum des Gründers kam eine Stele ans Licht, auf der die Sprüche der Sieben Weisen aufgeschrieben waren – mehr als 5000 km von Delphi entfernt![156]

Die Überlegenheit der griechischen Kultur auf geistigem Gebiet war so groß, daß die meisten der Völker, die mit dieser Kultur in Berührung kamen, bald danach strebten, sie sich anzueignen. Die »Entdeckung des Geistes«, die vom delphischen Apollon ausging – durch die das Denken herausfordernden Orakel, durch die Sprüche der Sieben Weisen, durch die Art der Gesetzgebung und des Gerichtswesens, durch die Weckung des Geschichtsbewußtseins, durch die Anregung der musischen Fähigkeiten mit ihrer Krönung, der Philosophie – wirkt weiter in die Welt, indem sie die Menschen auf eine neue Stufe der Seelenentwicklung, die der Selbständigkeit, emporführt.

154 Vgl. z. B. Strabo 257, 262; Pausanias VII, 3, 1; X, 10, 6; Cicero, De Divinatione I, 1, § 3.

155 Kallimachos, Hymnus auf Apollon, 55–58.

156 L. Robert, De Delphes à l'Oxus, inscriptions grecques nouvelles de la Bactriane, Comptes Rendus de l'Académie des Inscriptions et Belles Lettres, Paris 1968 (1969), S. 416–457.

# Der Schmuck am griechischen Tempel

Apollon ist derjenige Gott der Griechen, der sie in ihrer inneren Entwicklung und in ihrem geistigen Streben am stärksten impulsiert hat. Durch sein Wirken wird in ihnen ein Sinn angelegt, der es ihnen ermöglicht, überall in der Welt Ganzheiten zu suchen und zu begreifen. Einzelne Tatsachen, ohne einen miterlebten Zusammenhang, wären für diese Menschen nicht wissenswert gewesen. Daher wendet sich ihr Denken vor allem dem Bereich des Lebendigen zu, dem Bereich des Entstehens und Vergehens. Die sogenannten toten Dinge der Welt werden nur dann beachtet, wenn ihr einstiges Entstehen und Werden bedacht werden kann. So beginnt z. B. das frühe griechische Philosophieren mit der Frage nach der »Entstehung«, der »Physis« der Welt. Der ganze Kosmos wird als lebendiges Wesen gesehen, das in jedem seiner Elemente ein Werden und auch wieder ein Vergehen hat. Und der Mensch ist ein Abbild dieses Kosmos.[157] Das hat der Verfasser der pseudohippokratischen Schrift »Über die Siebenzahl« im Auge, wenn er schreibt, daß man die Krankheiten des Körpers nur verstehen könne, wenn man sie vom Ganzen, vom Kosmos her betrachte.[158]

Das Leben des Kosmos aber ist für den Griechen identisch mit dem Leben der Götter. Auch sie existieren nicht vereinzelt, sondern werden als zusammengehörige Ganzheit, als Familiengemeinschaft gesehen, deren Geschichte man kennt.[159]

Überall, wo sich der griechische Geist betätigt, werden Zusammenhänge bemerkt und künstlerisch nachgeschaffen. Beim Bau des Tempels sahen wir schon, inwieweit uns von außen ein Bild eines solchen lebendigen Organismus entgegenleuchten kann. Für die anderen bildenden Künste gilt das gleiche. Aber auch von innen kann dem Grie-

[157] W. Kranz, Kosmos und Mensch in der Vorstellung frühen Griechentums. Nachrichten von der Ges. d. Wissenschaften zu Göttingen, Göttingen 1938.

[158] op. cit. S. 121.

[159] Vgl. z. B. die »Theogonie«, = die »Abstammung der Götter« von Hesiod.

chen das »Organische« anschaulich werden, im Bereich eines Gedankens, einer Rede, oder auch nur im unbewußten Leben seiner Sprache. Dafür möge hier noch als Beispiel die Schilderung Wolfgang Schadewaldts aus seiner Vorlesung über »Die Anfänge der Philosophie bei den Griechen« folgen:[160]

»Was man anzuerkennen hat, ist die Tatsache, daß in den Sprachen, die durch ein Flexionssystem diese Differenzierung der Grundwesenheiten haben, sich bestimmte Relationen darstellen. Es besteht also da ein Zusammenstimmen, eine Sympatheia gewisser Teile des Satzes, wie es griechisch richtig heißt, ein Zusammenstimmen in bezug auf den gegenseitigen Rapport, wie man es auch vom Planetensystem kennt oder von der Wirkung des Mondes auf Ebbe und Flut, also für das Zusammenstimmen von Vorgängen auf der Erde mit solchen am Himmel, zu denen sie in fester Beziehung stehen. Man kann Sympatheia kaum übersetzen; es ist irgendwie ein »gleiches Erleiden«. Wir sprechen von sympathetisch, während Sympathie rein auf Seelisches bezogen ist. Daß auch der Kosmos davon durchwirkt ist, d.h. daß Vorgänge in größter Nähe wie größter Ferne aufeinander wirken, ist ein Gedanke, den die griechische Kosmologie sehr bald gedacht hat. ... Hier liegt ein bestimmtes inneres Bild vor, eine Vision jenes Kosmischen auch im Bereich der Begriffe, der Logoi, und man sieht deutlich, daß man besser täte, die sogenannten flektierenden Sprachen hiernach zu bezeichnen. Denn daß eine Sprache beugungsfähig ist, daß sie Endungen hat, die sich verändern können, ist ganz äußerlich, während wir doch andere Sprachformen nach Wesensmerkmalen benennen. Es ist wichtig, wenn Menschen so sprechen, daß sie nicht bloß Einzelgebilde herausbringen, die in ihrer Reihenfolge bezogen sind auf Vorhandenes, sondern daß sie im Sprechen etwas Kosmisches bezeugen in diesen merkwürdig durch Sympatheia gebundenen Gebilden. Man könnte auch mit dem Bild des Organismus arbeiten, so wie gerade die moderne Medizin ihn erforscht. Indem sie etwa die Bedeutung der Hormone, Wirkstoffe usw. kennenlernt, muß er uns als ein Abgrund erscheinen, vor dem einem schwindeln könnte: was da an derartigen Rapporten besteht, auch Fernwirkungen verschiedenster Art, die zusammen das hervorbringen, was wir das Leben nennen. Wir ahnen

[160] W. Schadewaldt, Die Anfänge der Philosophie bei den Griechen, Tübinger Vorlesungen, Bd. 1, Frankfurt/M. 1978, S. 151.

ja gar nicht, wie großartig unsere eigentlich physischen Grundlagen aufgebaut sind; und wenn wir dann noch bedenken, was wir als Vernunftwesen alles damit anfangen können! Und ähnlich wie der Organismus ist auch die Sprache ein derartiges Gefüge von Wirkformen und Wirkträgern, die aufeinander bezogen sind und im Rapport miteinander die Totalität des Ganzen tragen als lebendiges Bezugssystem. Es ist ja wirklich phantastisch, ... was wir alles ausdrücken können, und wie alles sofort eingeordnet wird in einem solchen lebendig-kosmischen Begriffsgefüge, wo die verschiedenen Wortarten und Unterteilungen wieder gebunden sind durch derartige Rapporte.«

Das gleiche, was an inneren Beziehungen (den Rapporten Schadewaldts) der Worte zueinander in der griechischen Sprache beobachtet werden kann, gilt auch für den Schmuck des Tempels. Er ist sinnvoll in das Ganze des Bauwerks eingepaßt und macht im Einzelnen den Sinn des Ganzen deutlich.

Denn wenn wir vor dem vollendeten griechischen Tempel stehen, werden wir nicht nur die harmonischen Proportionen der einzelnen Teile zueinander und die feinen, lebendigen Spannungen des Bauwerkes bemerken, sondern auch die vielen schmückenden und farbigen

Abb. 74 Terrakotta-Sima vom Dachrand eines Schatzhauses aus Olympia. Olympia, Museum.

Abb. 75 Athen, Akropolis. Schmuckglieder am Erechtheion.

Glieder. Durch sie wird die Aufmerksamkeit auf weitere Zusammenhänge gelenkt. Die bunte Bemalung betont einzelne Bauteile, hebt andere in ihrer Funktion hervor und erweist manche, durch gleiche Farbe oder gleiches Muster, als innerlich zusammengehörig.

Beim dorischen Tempel werden diese farbigen Unterstreichungen der funktionalen Gliederungen meist sehr einfach gehalten, mit Ausnahme der Giebelumrahmung, des Simas, (der Dachrandleiste) (Abb. 74) und der First- und Stirnziegelverzierungen. Beim ionischen Tempel treten die schmückenden Glieder, dem reicheren Schmuck der Frauen entsprechend, auch reicher in Erscheinung, und zwar, im Unterschied zum dorischen Tempel, fast immer in Form von plastischen, farbig bemalten Friesen (Abb. 75). Insgesamt nimmt die Farbigkeit und das Auftreten von Schmuckgliedern am Tempel nach oben hin zu. Vor allem die kräftigen, farbigen Muster der Umrahmung des Giebeldreiecks fallen auf, wie auch die feingliedrigen Palmetten der First- und Stirnziegel, die das Dach des Tempels differenziert in den Himmel eingliedern.

Schauen wir uns diejenigen Stellen genauer an, wo Schmuckfriese auftreten können, so fällt auf, daß sie nur an den Stellen erscheinen, wo ein Bauglied mit dem nächsten zusammenstößt: zwischen Säule und Architrav auf dem Abakus, zwischen Architrav und Fries, zwischen Fries und Dach – immer da, wo Bauteile verschiedener Funktion durch scharfe Grenzen voneinander getrennt werden (Abb. 75). Dort quillt das heraus, was in schmalen oder breiteren Bändern den Tempel umzieht.

Die Grenzen und Begrenzungslinien sind damit am griechischen Tempel die Quellorte des Schmucks. Dies ist sehr merkwürdig, insofern nämlich eine Grenze gar kein räumlicher Ort ist und keine Ausdehnung hat. Sie wird ja mathematisch gerade so definiert, daß sie weder zum einen noch zum anderen Bereich gehören kann, sondern nur die Funktion hat, die beiden Bereiche voneinander zu trennen. Sie ist räumlich ein Nichts. Aber dieses Nichts ist mit Form und Funktion der Bauglieder verbunden, ja läßt sie überhaupt erst in Erscheinung treten. Die Grenzen geben dem Tempel die Gliederung, durch die hindurch der Beschauer den Sinn des ganzen Bauwerks erkennen kann. Aber zu gleicher Zeit sind die Grenzen auch der Ursprung des Schmuckes, des *Kosmos*. Dieses griechische Wort hat im Deutschen kein direktes Äquivalent. Denn es umfaßt unsere Begriffe von Schmuck, Ordnung und Welt. Der Kosmos ist für den Griechen eben ein wohlgeordneter und schön geschmückter und ihm anders nicht vorstellbar.

Wenn der Kosmos nun aus einer Grenz-Form herausquillt, so ist damit gemeint, daß das Leben eben nicht aus dem Bereich stammen kann, wo die räumliche Welt ist, sondern aus einem Bereich, der zwar zwischen und in dieser Welt ist, aber nicht sinnlich existiert – reine Form ist. An den Formen aber *erkennen* wir den Inhalt, den Gegenstand. Ohne Gestalt wäre die Welt ein gleichmäßiges Einerlei, in dem keinerlei Sinn

Abb. 76 Lesbisches Kyma am Sockel der Cellawand der Tholos in Delphi.

erkennbar wäre. Erst die Form gibt uns die Möglichkeit, durch die Sinneswelt *hindurch* die Bedeutung der Dinge zu begreifen, zu *durchschauen*.[161]

»Den Stoff sieht jedermann vor sich,
den Gehalt findet nur der, der etwas dazu zu tun hat,
und die Form ist ein Geheimnis den meisten.«
    GOETHE (Maximen und Reflexionen V,3)

Die Grenzlinien treten am griechischen Tempel so auf, daß sie *von außen* als Begrenzungen gesehen werden können. An der Cellawand z. B. gibt es nur zwei Stellen, an denen Schmuckfriese erscheinen können: An ihrem Sockel (Abb. 76) und an ihrem oberen Abschluß. Die sonstige Fläche bleibt frei von allen Verzierungen. Die Wand als Ganzes wird noch nicht als Umhüllung, als Grenze eines Innenraumes erlebt. Daß Mauern selber Grenzflächen bilden können, tritt erst bei christlichen Kirchen auf, wenn die Wände auch wirklich einen Innen-

[161] Vgl. hierzu: R. Arnheim, Anschauliches Denken, Köln 1972, S. 37 im Kapitel »Formen sind Begriffe«.

raum umschließen sollen. Folgerichtig werden sie dann auch so behandelt, daß die ganzen Wände geschmückt werden, indem sie entweder von innen bemalt oder von außen mit Reliefs versehen werden. In Griechenland gibt es aber – mit Ausnahme der Bauten für die Mysterienkulte – bis zur klassischen Zeit noch keinen Innenraum, der als solcher Bedeutung hätte, ohne direkten Bezug zur Umwelt. Daß der griechische Tempel ein plastischer Körper ist, der von außen angeschaut werden muß, zeigt sich also auch wieder am Auftreten der Schmuckglieder am Bau. Dessen deutlichste Grenze ist für den Anblick der Übergang vom Dach zum Himmel. Das ist dementsprechend auch die Stelle, die am meisten mit Schmuck ausgestaltet wird. Es ist die Grenze des Tempels schlechthin, denn das griechische Wort für Dach (Orophé) ist von dem Wort für Grenze (Oros) abgeleitet.

Abb. 77  Sima (Dachrandleiste) der Tholos von Epidauros, mit Löwenkopfwasserspeiern und Palmetten.

Zum Verständnis des Schmuckes am griechischen Tempel ist aber noch eine weitere Beobachtung wichtig. Es zeigt sich nämlich, daß diese Schmuckfriese entweder durch monotone Wiederholung von Einzelelementen oder durch rhythmische Wiederholung von Gruppen gebildet werden, die aus verschiedenen Elementen zusammengesetzt sind. Die dadurch entstehende Gliederung hat keinen bestimmten Anfang und auch kein deutliches Ende, sondern kann endlos fortgesetzt werden. Das hat zur Folge, daß ein Fries nicht anfangen oder aufhören kann, ohne daß er wie abgeschnitten wirkte. Er muß also, und das ist die einzig mögliche Lösung dieses Problems, in sich selbst zurücklaufen, geschlossene Formen bilden. Der Bau und seine einzelnen Glieder werden daher immer ganz von solchen Schmuckfriesen umzogen. Dabei wird sorgfältig darauf geachtet, daß die einzelnen Elemente dieser Friese mit den Proportionen des Tempels überein-

Abb. 78 Einzelne Kassette aus der Kassettendecke der Tholos von Epidauros. Epidauros, Museum.

stimmen.[162] Ebenso umläuft der Triglyphen-Metopen-Fries, auch wenn er sich nur an einem Schatzhaus oder an einer Cellawand befindet, immer den ganzen Baukörper. Wenn die Metopen mit Reliefs geschmückt werden, gilt auch für deren Inhalt die Notwendigkeit des Zusammenhangs. Einzelne Platten, auf denen unzusammenhängende Mythen dargestellt würden, gibt es nicht. Meistens ist es sogar nur eine Erzählung oder die Tatengeschichte eines Helden, die auf den aufeinanderfolgenden Metopen erscheint. Was äußerlich zusammengehört, gehorcht auch innerlich denselben Gesetzen.

Wo immer wir anfangen, dem griechischen Tempelbau nachzuforschen, kommen wir zu Beobachtungen, die uns auf das Gesetz des

162 Vgl.: M. Schede, Simaornamentik, Straßburg 1909; P. Meyer, Zur Formenlehre und Syntax des griech. Ornaments, Diss. Zürich 1945; C. Weickert, Das lesbische Kymation, Leipzig 1913.

Abb. 79 Gesimsblock vom Erechtheion mit lesbischem Kyma, ionischem Kyma, Anthemienfries und Perlstäben. London, Brit. Museum.

Zusammenhangs führen. In den rings umlaufenden Friesen lebt es sich nur am reinsten dar. Mehr verborgen scheint es sogar den Entwurf des Tempels zu bestimmen. Denn es gibt Tempel, deren individuelles Grundmaß selbst aus der Einheit des Gesamtumfangs[163] abgeleitet zu sein scheint. Dieser kann z. B. am Stylobat oder Stereobat gemessen, genau ein Stadion (= 192,27 m) lang sein.[164] Von der Einheit wird ausgegangen – alles Weitere wird dieser Einheit lebendig eingepaßt.
Die Elemente, aus denen die Schmuckfriese durch rhythmische Gliederung gebildet werden, sind entweder aus Pflanzenmotiven entstanden oder leiten sich her von Strömungsformen des Wassers. Beide Bereiche sind nicht streng voneinander geschieden. Denn auch solche Friese, die der Grieche Kymation (= Welle) nennt, hatten in früheren Zeiten Vorformen, die sich aus Blättern zusammensetzten. Umgekehrt gehen spiralförmige Strömungsmotive in blattartige Bildungen über und bilden ein Element in einem Anthemienfries (= Blumenfries). Beide Bereiche sind in ihrem Ursprung, im Lebendigen, miteinander

163 Vgl. M. Theurer, Der griechisch-dorische Peripteraltempel, Berlin 1918, S. 58.
164 Z. B. am Zeustempel in Olympia.

verwandt. Dort werden die lebendigen Gestalten in einem Medium des Zusammenhangs durch ständige Bewegungen, durch rhythmische Strömungen, hervorgebracht. Kein Moment der Ruhe kann diese webende Tätigkeit unterbrechen. Im Entstehen und Vergehen, im Erbilden und Entlassen von Formen belebt diese Tätigkeit die Welt.

Der Schmuck am griechischen Tempel ist durch die Auswahl seiner Elemente, durch ihre rhythmische Aneinanderreihung, die wie ein feiner Pulsschlag den ganzen Tempel belebt, sorgfältig in den Sinn des ganzen Baues eingewoben. Dazu kann noch eine wohlabgestimmte und nach dem Gesetz der Bauharmonie durchproportionierte Übereinanderordnung mehrerer Friese kommen, die aus verschiedenen Motiven zusammengesetzt sind (Abb. 79). Ihr in sich geschlossener Zusammenhang durchzieht den ganzen Tempelorganismus.

Was im griechischen Tempel lebt, wird also durch seinen Schmuck nur deutlicher hervorgehoben: ein Organismus, dessen einzelne Glieder ein Ausdruck dieser Ganzheit sind und der selber wieder ein Glied des ganzen Kosmos ist.

# Die verschiedenen Ordnungen

Auf den ersten Blick unterscheiden sich die griechischen Tempel in bezug auf ihre Struktur kaum voneinander. Alle haben eine Ringhalle, stehen auf Stufen, zeigen das flache Giebeldreieck. Lediglich die Größenverhältnisse und die Feinheiten der Gestaltung sind verschieden. Was aber auffällt, ist, daß es zunächst zwei Arten von Säulen gibt, zu denen seit dem Ende des 5. Jahrhunderts eine weitere hinzutritt. Da aber am griechischen Tempel wegen seines Organismuscharakters jeder Teil mit dem Ganzen in Beziehung steht, so wirkt die jeweilige Säulenform auch zurück auf den ganzen Bau.

Wie wir schon gesehen haben[165], leitet der Grieche die verschiedenen Säulenformen von den Proportionen des Menschen ab. Die dorische Säule zeigt die Proportionen des Mannes, die ionische Säule die der Frau. Folglich sind auch die Formen des dorischen Tempels im ganzen gedrungener als die des ionischen. Da der Mann sich aber von der Frau nicht nur durch seine Proportionen unterscheidet, unterscheidet sich die ionische Säulenordnung von der dorischen in vielen weiteren Einzelelementen. So vor allem im reicheren Schmuck, in dem etwas anderen Aufbau des Gebälks, in dem bei der dorischen Säule fehlenden Fuß, in der andersartigen Kannelierung usw. Am deutlichsten ist der Unterschied im Kapitell, das viel komplizierter aufgebaut ist als das dorische und an dem die Spirale auftritt (Abb. 80).

Beide Ordnungen sind ungefähr gleichzeitig entstanden. Das Mutterland scheint aber die dorische Ordnung bevorzugt zu haben. Ionien die ionische Ordnung. Dem scheint entgegenzukommen, daß die dorische Säule wohl eher aus kretisch-mykenischen Vorbildern entwickelt

[165] Vgl. Seite 96.

Abb. 80　Ionisches Kapitell vom Mittelgang der Propyläen. Athen, Akropolis.

worden ist,[166] die man auf dem europäischen Teil Griechenlands noch kennenlernen konnte, die ionische Säule dagegen von orientalischen Vorbildern abstammt,[167] die den Ioniern in Kleinasien allenthalben begegneten.

Überraschend tritt zu diesen ausgebildeten Ordnungen am Ende des 5. Jahrhunderts die »Erfindung« des korinthischen Kapitells hinzu. Dieses Kapitell bringt keine neue Gesamtordnung hervor, sondern gliedert sich der ionischen, der weiblichen Ordnung ein. Merkwürdigerweise scheint diese Erfindung aber noch einen besonderen Sinn zu tragen, denn dieses Kapitell wird im ganzen 4. Jahrhundert, also kurz nach seinem Entstehen, nur in Innenräumen verwendet, und zwar unabhängig davon, welche Säulenordnung die Ringhalle zeigt. Erst in hellenistisch-römischer Zeit scheint dieser »innere« Sinn des Kapitells vergessen worden zu sein, denn es erscheint dann, seiner prächtigen Gestaltung wegen, auch außen in der Peristasis.

Die innere Bedeutung des korinthischen Kapitells hängt mit der Entstehung dieser Form, von der Vitruv ausführlich berichtet,[168] zusammen. Sie möge hier im vollen Wortlaut folgen:

»Die erste Erfindung des Kapitells dieser Bauweise (der korinthischen), soll so vor sich gegangen sein: Eine jungfräuliche korinthische Bürgerin, schon für die Vermählung reif, wurde krank und starb. Nach ihrem Begräbnis sammelte ihre Amme die Spielsachen, an denen diese Jungfrau zu ihren Lebzeiten Gefallen gehabt hatte, legte sie in einen Korb, trug ihn zu dem Grabmal, setzte ihn oben darauf und legte, damit sich die Sachen unter freiem Himmel länger hielten, über den Korb einen Ziegel. Dieser Korb war zufällig über eine Akanthuswurzel gesetzt. Mittlerweile, durch das Gewicht niedergedrückt, trieb in der Frühlingszeit die Akanthuswurzel in der Mitte Blätter und Stengel. Ihre Stengel wuchsen an den Seiten des Korbes empor, wurden jedoch von den Ecken des Ziegels durch dessen Gewicht nach außen gedrängt und gezwungen, sich nach außen umzubiegen und an den Enden einzurollen. Damals bemerkte Kallimachos ... beim Vorübergehen an diesem Grabmal diesen Korb und die ringsherum sprossenden zarten Blätter, und, bezaubert von der Art und Neuigkeit der

---

166 Vgl. B. Wesenberg, Kapitelle und Basen, Düsseldorf 1971, S. 49 f.

167 Siehe W. Andrae, Die ionische Säule, Berlin 1930.

168 Vitruv, IV. Buch, I. Kap. 9/10.

Fig. 21 Rekonstruktionszeichnung des ältesten überlieferten korinthischen Kapitells aus dem Cella-Innenraum des Apollontempels von Bassä (nach H. Bauer).

Form, schuf er nach diesem Vorbild die Säulen bei den Korinthern und legte ihre Symmetrien fest.«

Wenn man sich das rationalistische Beiwerk wegdenkt, mit dem der Römer Vitruv sich die Geschichte erklärt – denn daß damit nicht der ursprüngliche Sinn getroffen werden kann, ist deutlich –, bleibt übrig, daß die Erfindung des korinthischen Kapitells am Grabe, nach dem Tode eines Mädchens, gemacht worden sein soll. Dies gibt uns schon einen Hinweis, wo wir zu suchen haben. Woher kommen die Blätter des Akanthus, die aus dem Grabe hervorsprießen? Denn daß sie »zufällig« an dieser Stelle gewachsen seien, ist eine Erklärung, mit der sich kein Grieche begnügt hätte. Für ihn stehen alle Dinge der Welt in einem lebendigen Zusammenhang, aus dem sie nicht einfach unerklärt herausfallen können. Nur der Römer, »der Meister der Kunst, jedes

Ding auf seine platte Seite zu stellen und stolz darauf zu sein, daß es dann so gut steht«, wie Erhart Kästner in »Ölberge, Weinberge« bemerkt, hat an einem Grabe keine anderen als sinnlich-rationale Erlebnisse.

Der Weg, den wir hier einschlagen wollen, um dieses Rätsel zu lösen, ist der, der Angabe Vitruvs nachzugehen und zu prüfen, ob die Elemente des korinthischen Kapitells – die »Akanthus-Blätter«, die Spiralen mit den Blütchen, die Blüte, die Palmette über den beiden Innenspiralen, die »Schwertlilienblätter« auf dem Kalathos[169] – auch sonst mit dem Tod und dem Grab in Beziehung gesehen worden sind. Wenn dies so ist, haben wir zu überlegen, welche Konsequenzen das für die Deutung des korinthischen Kapitells und des griechischen Tempels haben kann.

## Die attischen weißgrundigen Lekythen

Am aufschlußreichsten in bezug auf die Erlebnisse, die der Grieche mit dem Tode verbunden hat, sind die sogenannten weißgrundigen Lekythen.[170] Diese besondere Vasenform diente ursprünglich der Aufbewahrung ätherischer Öle, wurde aber seit der Mitte des 5. Jahrhunderts speziell für den Toten hergestellt und bemalt. Mit wohlriechenden Ölen gefüllt wird die Lekythe auf das Grab gestellt. Nach dem Verduften des balsamischen Inhalts wird das leere Gefäß bei der Bestattung dem Toten mit ins Grab gegeben, denn der Sinn dieses Brauches scheint ursprünglich nur mit diesem Duft verbunden gewesen zu sein. Jedoch schon bald ist auch die Vase selbst als Grabschmuck angesehen worden, was dann im 4. Jahrhundert sogar zu monumentalen Gestaltungen dieser Vasenform in Stein führt.

Die Besonderheit dieser Gefäße liegt nicht nur in ihrer charakteristischen Form, sondern auch darin, daß die Künstler auf der weißgrundierten Malfläche gegenüber der herkömmlichen Malweise viel differenziertere Farben verwenden konnten. So begegnen uns auf diesem hellen Hintergrund Farben, die sonst nirgends in der griechischen Vasenmalerei anzutreffen sind (Abb. 81).

169 Siehe dazu: H. Bauer, Korinthische Kapitelle des 4. und 3. Jahrhunderts v. Chr., Berlin 1973.

170 Siehe W. Riezler, Weißgrundige attische Lekythen, München 1914; D. C. Kurtz und J. Boardman, Greek burial customs, London 1971; D. C. Kurtz, Athenian white lekythoi, London 1976. A. Fairbanks, Athenian white lekythoi, 2 vols., New York 1907–14.

Abb. 81 Attische weißgrundige Lekythe. Jüngling am Grab. München, Museum antiker Kleinkunst.

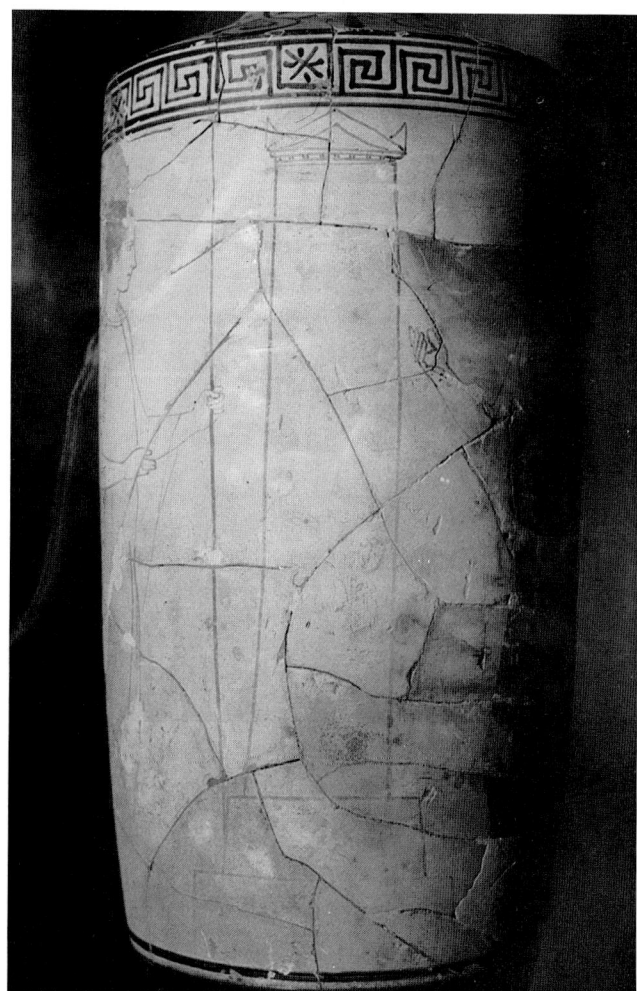 

Abb. 82 Attische weißgrundige Lekythe mit der Darstellung einer Giebelstele. Athen, Nationalmuseum.

Abb. 83 Attische weißgrundige Lekythe mit der Darstellung einer Anthemienstele. Athen, Nationalmuseum.

Die Inhalte dieser Bilder sind naturgemäß dem Bereich des Todes entnommen, dem Bereich, dem die Lekythen zu dienen haben. Dabei stehen die unmittelbar auf den Tod folgenden Erlebnisse des Toten im Vordergrund. Der Eintritt in die Unterwelt, Hermes als Seelenführer, die Überfahrt über den Acheron, das Erscheinen des Toten am Grabe – das sind die Themen, die immer wiederkehren.

Weitaus am häufigsten und auch für unser Thema am interessantesten sind diejenigen Bilder, die den Verstorbenen am Grabe erscheinend darstellen. Meistens nähert er sich einem Angehörigen, der ihm dort eine Opferspende darbringt.

Ein solches Grab besteht in klassischer Zeit nur aus einer hohen, schmalen Stele, die auf einem gestuften Unterbau steht. Sie wird oben entweder von einem dreieckigen Giebel bekrönt, ähnlich dem eines Tempels (sog. Giebelstele) (Abb. 82), oder mit einem pflanzenartigen Gebilde mit zentraler Palmette abgeschlossen (Anthemienstele) (Abb. 83). Vor oder neben der Stele erscheint auf den Bildern der Lekythen dann der Tote, immer in menschlicher Gestalt.

Gegen Ende des 5. Jahrhunderts treten nun auch Lekythen auf, deren Bilder nicht nur die eben beschriebenen Grabstelen zeigen, sondern dazu noch ein weiteres Motiv, das man unter dem Namen *Akanthus* zusammengefaßt hat. Es handelt sich dabei um ein dem Akanthusblatt ähnliches »Ornament«, das am Anfang noch klein, aber bald auch groß und deutlich auf den Bildern erscheint. Unter der Palmette, über der Spirale, die die Palmette trägt, auf, unter und seitlich der Grabstele – überall kann dieses neue Ornament auftreten (Abb. 84–95).

Im Vergleich mit den erhaltenen Grabstelen ist es bezeichnend, daß die »Akanthusblätter«, »die sich auf den Grabstelen ganz bescheiden unter die Palmette unterordnen, ohne die Form der Akrotere wesentlich zu verändern, auf den Lekythen sich vordrängen und das Hauptmotiv der Akrotere bilden, hinter dem die Palmette verkümmert zurücktritt: Die Blätter ›wachsen heraus‹ aus dem Schaft der Stele, sie ›breiten sich aus‹ als wären sie lebendig.«[171] Dieses freie und lebendige Ausbreiten des Akanthusornaments und seine Auflösung in der Umwelt entspricht offenbar völlig dem Wesen dieses neuen »Motivs«. Könnte man bei der Ausbreitung und Auflösung der Formen auch an ein Sinnbild für das Verduften der balsamischen Öle denken – weshalb ja die Lekythen dem Toten dargebracht wurden –, so ist das Leben, das der Akanthus zeigt, sein Wachsen und Sprießen, damit nicht voll zu erklären. Was da sprießt und wächst sind keine wirklichen Pflanzen, denn gerade die Maler der Lekythen, die ein feines Gespür für solche Formen haben und sie auch darstellen können (da ihnen im Gegensatz zu den Bildhauern keine stofflichen Beschränkungen auferlegt sind), haben bei diesen »Akanthusblättern« niemals nur an Pflanzen gedacht. Das geht schon

171 Riezler, op. cit. S. 40.

Abb. 84  Lekythe (Nr. 1822), Athen, Nationalmuseum.

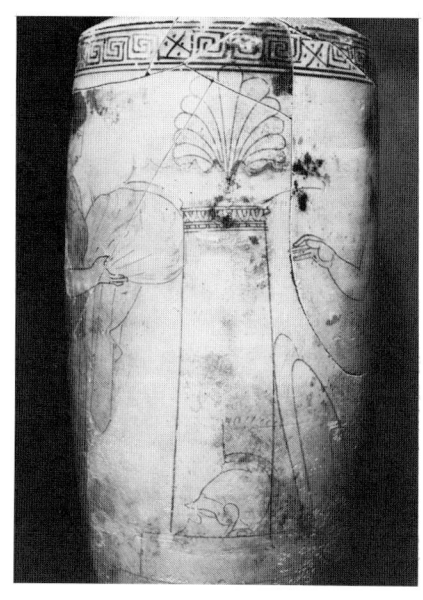

Abb. 85  Lekythe, Athen, Nationalmuseum.

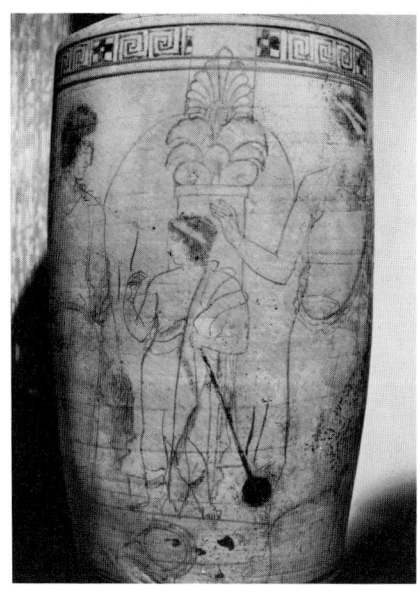

Abb. 86  Lekythe, Athen, Nationalmuseum.

Abb. 87  Lekythe, Athen, Nationalmuseum.

Abb. 88  Lekythe, Athen, Nationalmuseum.

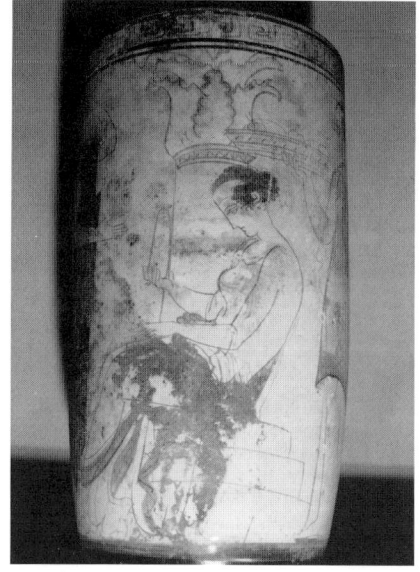

Abb. 89  Lekythe (Nr. 1956), Athen, Nationalmuseum.

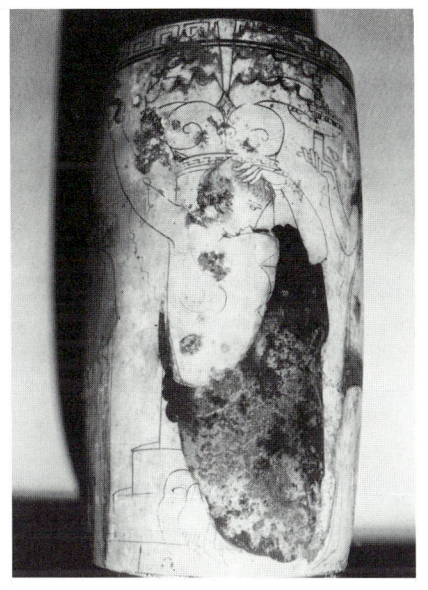

Abb. 90   Lekythe, Athen, Nationalmuseum.

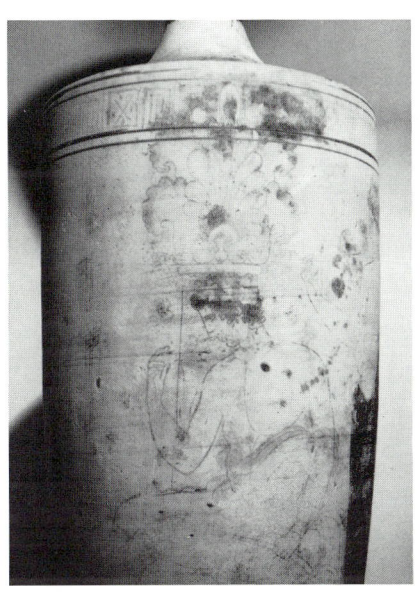

Abb. 91   Lekythe, Athen, Nationalmuseum.

Abb. 92   Lekythe (Nr. 1800), Athen, Nationalmuseum.

Abb. 93   Lekythe, Athen, Kerameikosmuseum.

Abb. 94   Lekythe, Athen, Nationalmuseum.

Abb. 95   Lekythe (Nr. 2778), München, Museum antiker Kleinkunst.

Abb. 96 Bekrönung einer Grabstele, Athen, Nationalmuseum.

Abb. 97 Bekrönung einer Grabstele (Nr. 2308); Mitte des 4. Jh., Athen, Nationalmuseum.

aus ihrer Farbe hervor. In keinem Falle sind sie grün getönt, obwohl die grüne Farbe vorhanden war und sonst auf den Lekythen auch vorkommt. Auf den Gefäßen erscheinen duftige rötliche, bräunliche und lila Farbtöne, oft in allerzartesten Verdünnungen und Schattierungen. Es entsteht eher der Eindruck, daß durchsichtige, unsinnliche, schwebende Gebilde gemeint seien (Abb. 88, 94).

Was auf den Lekythen als gemaltes Bild erscheint, zeigt sich auch auf den originalen Grabstelen. Die Proportionen des Akanthusmotivs sind zwar bescheidener, da der Bildhauer an die vom Material her gegebenen Gesetze gebunden ist, aber die Entwicklung zu immer üppigerer Verwendung dieser »pflanzenhaften« Formen ist auch da zu beobachten. Besonders an den Bekrönungen der Stelen fängt der Akanthus an zu wachsen und zu wuchern, die dort ehemals allein befindliche Palmette auf zwei Spiralen zu einem lebensvollen Gebilde steigernd (Abb. 96–98). Wieder zeigt sich dieselbe Entwicklung wie auf den Lekythenbildern. Was anfangs nur an wenigen Stellen beginnt, durch-

Abb. 98 Grabstele, Athen, Nationalmuseum.

Abb. 99  Bekrönung eines Grabmals, ca. 350 v. Chr., Athen, Nationalmuseum (Nr. 744).

dringt bald den ganzen plastischen Schmuck und bringt ihn zum Leben. »Das Wachsen und Sprießen aber ist das Neue. Es geht zwar aus der traditionellen Ornamentik hervor, knüpft aber nicht an eine Einzelform an, sondern vollzieht sich auf breiter Basis und in einem neuen Sinn für das Pflanzenhafte.«[172]

Die Erscheinung des Akanthusornamentes ist nicht auf die Grabstelen beschränkt. Es tritt überall da auf, wo die Kräfte des lebendigen Sprießens und Wachsens hervorgehoben werden sollen. Am Tempel erscheint es zu gleicher Zeit wie auf den Lekythen und Grabstelen an den pflanzenhaften Akroteren. Diese lebendigen, aufwärts wachsenden Ornamentgebilde gliedern den Organismus des Tempels kunstvoll in den Kosmos ein. Am schönsten wohl bei den sogenannten Tholoi, den Rundbauten, die alle ein reiches Mittelakroter mit Akanthusblättern und Akanthusranken aufweisen. Aber gerade ihre spezielle Aufgabe scheint merkwürdigerweise wieder mit Tod und Grab zusammenzuhängen (siehe S. 173, Fig. 24).

Die Entwicklung des Akanthusornamentes kulminiert in den lebendigen Bekrönungen der Grabstelen des 4. Jahrhunderts und den gleichzeitigen Ableitungen davon. Eines der schönsten Beispiele dieser Zeit ist ein Spiralen- und Akanthusgeranke, ähnlich dem eines Akroters, vor dem sich die Statue eines Mädchens befindet (Abb. 99). Hinter dem Kopf des Mädchens strahlt eine Palmette nach allen Seiten. Zwischen ihren oberen Blättern und an den Spiralzentren erscheinen kleine runde Blüten. Da diese Komposition als Grabaufbau diente, haben wir damit eine fast vollkommene Illustration der Erzählung des Vitruv über die Entstehung des korinthischen Kapitells vor uns.

Die Entstehung eines neuen Ornaments ist im Altertum immer mit einem ganz bestimmten Sinn verbunden. Um ihn herauszufinden, ist es vor allem nötig, den Zusammenhang, in dem das neue Ornament auftritt, zu beachten. Beim Akanthus ist es die Beziehung zum Bereich des Todes und des Grabes, die durch den beschriebenen Zusammenhang aufgedeckt wird, wenn man zunächst noch von bestimmten Schmuckgliedern der Tempel absieht. Denn Akrotere, Säulenkapitelle und Anthemienfriese scheinen vordergründig nichts mit dem Tod oder dem Grab zu tun zu haben. Inwiefern aber auch im Tempel ein

172 J. Kleemann, Der Satrapensarkophag aus Sidon, Berlin 1958, S. 79.

Abb. 100  Charon als Totenfährmann nimmt eine Seele (eidolon) in Empfang, um sie überzusetzen ins Totenreich. Weißgrundige Lekythe (Nr. 547), Oxford, Ashmolean Museum.

Bau gesehen werden kann, den der Grieche nicht völlig getrennt von diesem Bereich erlebt hat, soll weiter unten gezeigt werden (vgl. S. 185). Hier sei nur an die sogenannten Giebelstelen erinnert, das sind die Grabstelen, die von einem tempelähnlichen Giebel bekrönt sind, und an die schon seit archaischer Zeit benützten steinernen Särge, die die äußere Gestalt eines Peripteraltempels nachbilden. Diesem Rahmen seines Auftretens scheinen jedoch die Formen des Akanthusornaments zu widersprechen. Denn diese werden eher als lebendige, pflanzenartige Bildungen erlebt, die wachsen und sogar wuchern können. Kann dieser Widerspruch, der sich hier zwischen dem Leben der Form und ihrer Anwendung im Bereich des Todes ergibt, überhaupt gelöst werden?

Um hier weiterzukommen, ist daran zu erinnern, daß der Tod in allen antiken Kulturen nicht als ein Ende, sondern als eine Wandlung, als eine Metamorphose in einen anderen Zustand aufgefaßt worden ist. Für die Griechen bedeutete dieser Schritt das Freiwerden der Seele von ihrem Leib, den sie während des Lebens auf Erden bewohnte.[173] Auf manchen Lekythen ist dieser Vorgang sogar bildlich dargestellt (Abb. 100): Ein kleines, geflügeltes, menschenähnliches Wesen – die Seele – entschwebt nach oben. Damit ist eindeutig klar, daß das lebendige Sich-Auflösen der akanthusartigen Blätter nicht mit dem Lösen der Seele identifiziert werden kann. Wir müssen uns neu fragen, welcher Vorgang beim Tode diesen Formen überhaupt entsprechen könnte. Versuchen wir dies, so bleibt nur ein Prozeß, der diesen Formen genau entspricht: die Auflösung des Lebensleibes (Threptikon).

Der Lebensleib ist dasjenige Wesensglied des Menschen, das den Stoff zum lebendigen Leibe zusammenwirkt. Dies ist kein stofflicher Faktor – denn aus den Gesetzen der Stoffe entsteht keine organische Form – sondern vielmehr das die Stoffe zu einer einheitlichen Gestalt organisierende Prinzip. Ernährungsseele (Threptikon) nennt es Aristoteles[174], weil es die Kräfte enthält, die den Stoffwechsel, das Wachstum und die Form des menschlichen Leibes bestimmen. Eine solche Ernährungsseele hat nicht nur der Mensch, sondern auch jedes Wesen, das lebt. Am reinsten wirkt sie im Reich der Pflanzen, denn die höheren

173 Vgl. dazu ausführlich Platons Dialoge Phaidon (66 e ff) und Phaidros.

174 Aristoteles, Über die Seele 415 a, 432 a.

Seelenglieder, die das Tier und den Menschen zu vollkommeneren, aber auch komplizierteren Wesen machen, sind dort noch nicht vorhanden.

Der Grieche hat für die gestaltbildenden Kräfte der »Ernährungsseele«, denen er auch seine eigene Körperlichkeit verdankt, ein feines Gespür. Übt er doch während seiner ganzen Jugendzeit diesen Körper, seine Kräfte und seine Bewegungen bewußt zu erleben und zu beherrschen. In den großen panhellenischen Wettkämpfen wird derjenige mit Ruhm beschenkt, der seinen Leib am vollkommensten ausgebildet und damit das Ideal, das der Grieche erstrebt, erfüllt hat. Überraschend ist aber auch hier wieder, daß der Ursprung solcher Agone mit dem Tod in Zusammenhang steht. Wir brauchen nur an den Tod des Patroklos zu denken, zu dessen Ehren Achill solche Wettkämpfe veranstalten läßt, oder an den Ursprung der olympischen Spiele, die sich am Grabe des Pelops entwickeln. Es sind eben dieselben gestaltbildenden Kräfte, die man durch die bewußt gestalteten Bewegungen bei der sportlichen Betätigung erspürt und die beim Tode, den Leib des Verstorbenen entlassend, wieder in den Kosmos zurückfluten. Wenn also Spiele am Grabe stattfinden, wird den daran Teilnehmenden die Möglichkeit gegeben, sich mit dem die Erde verlassenden Toten zu verbinden.

Rudolf Steiner schildert, daß das Erlebnis, das ein Beobachter des Lebensleibes hätte, ungefähr dem Erlebnis entspräche, welches sich einstellt, wenn man die Farbe der »jungen Pfirsichblüte« betrachtet.[175] In dieser Farbe erscheint aber auch das Akanthusornament auf den Lekythen. Dazuhin ist das Pfirsichblüt die Gegenfarbe zu Hellgrün, steht also im Goetheschen Farbkreis dem Hellgrün gegenüber. Es entsteht als Nachbild zum Grün der Pflanzen und nimmt die Mitte des »Goetheschen« Spektrums ein. Dieses Spektrum entsteht, wenn ein schwarzer Streifen auf weißem Grund durchs Prisma betrachtet wird. Beim gewohnten Spektrum (weißer Streifen auf schwarzem Grund durchs Prisma angeschaut) erscheint Grün in der Mitte.[176] Somit gehören in der ganzheitlichen goetheschen Betrachtungsart Grün und Pfirsichblüt zusammen, obwohl oder gerade weil sie einander komplementär sind. Was so an den Farben zu sehen ist, gilt auch für das Ver-

---

175 R. Steiner, Wie erlangt man Erkenntnisse der höheren Welten, GA 10, S. 139.

176 J. W. Goethe, Beiträge zur Optik, § 58/59.

hältnis von Leib zu Lebensleib. Keiner ist ohne den anderen zu denken, solange das Wesen lebt. Erst beim Tod trennt sich der Lebensleib von seiner von ihm geschaffenen Form und löst sich in den Umkreis hinein auf, den Leichnam zurücklassend.

Was auf den Lekythen mit den zarten akanthusartigen Blättern verbildlicht wird, ist nichts anderes als der Vorgang der Loslösung dieses »äußerst zart und fein organisierten Gebildes«[177] vom Leibe. Die die Lebensprozesse bewirkenden Kräfte werden frei und kehren zu ihrem Ursprung, in den Kosmos, zurück. Der zarte Duft der ätherischen Öle, der aus den Lekythen ausströmt, begleitet diesen Prozeß. In dem schönen Brauch, solche Gefäße am Grabe aufzustellen, bei denen Funktion und Bildschmuck ein sinnliches Bild des wahren Geschehens sind, verrät sich die Gestaltungskraft eines großen Künstlers.

## Das korinthische Kapitell

Vitruvs Erzählung von der Erfindung des korinthischen Kapitells schließt an das Erlebnis des Kallimachos an, das er am Grabe einer Jungfrau gehabt haben soll. Schauen wir uns sein Werk daraufhin genau an, so fällt jetzt sofort auf, daß uns alle Elemente, die das Kapitell konstituieren, vom Grabschmuck her bekannt sind. Nicht nur wachsen die Akanthusblätter aus dem obersten Rand der Säule (Astragal) und aus den Stengeln der Voluten heraus, auch die einander abwechselnden Spiralen (Eck- und Innenvoluten) erscheinen mit den sie einschließenden Knospen. Sogar die Palmette und die offene Blüte treten an manchen Kapitellen über den Innenvoluten auf (Fig. 21). Warum aber wählt der Grieche einen mit dem Tod in Zusammenhang stehenden Schmuck für ein Kapitell?

Um hier die Lösung zu finden, ist zuerst an die allgemeine Bedeutung der Säule in Griechenland zu erinnern, die als Mensch verstanden wurde.[178] Im Kapitell ist also nicht nur der Kopf einer Säule zu sehen (Kiono-kranion), sondern auch ein Bild für den Kopf eines Menschen. An diesem Kopf erscheinen nun Schmuckmotive des Todes, Motive

177 R. Steiner, op. cit. S. 139.
178 vgl. S. 97, Anm. 91.

Abb. 101  Korinthisches Kapitell aus dem Cella-Innenraum der Tholos von Epidauros. Epidauros, Museum.

eines sich auflösenden Lebensleibes! Man würde doch erwarten, daß die Motive, die am Kopf auftauchen, eher etwas mit der Funktion des Hauptes zu tun haben, also z. B. den lebendigen Prozeß des Denkens veranschaulichen. Das Überraschende ist nun, daß der Grieche meinte, gerade dies dargestellt zu haben. Denn »alle die, welche sich mit der Philosophie richtig befassen, beschäftigen sich offenbar, ohne daß die anderen es merken, eigentlich mit nichts anderem als mit dem Sterben und mit dem Totsein«.[179] Das ist ein tiefes Erlebnis des Sokrates, dessen ganzes Streben schon während seines Lebens darauf gerichtet ist, durch »vernünftiges Denken etwas vom Wesen der Dinge zu erfahren«.[180] Dazu muß er aber danach trachten, sich im Denken von der

179 Platon, Phaidon 64 a.
180 op. cit. 65 c.

sinnlichen Bindung an den Leib zu lösen. Der Leib stört nur. »Das, wonach wir verlangen, ... die vernünftige Einsicht nämlich, wird uns offenbar erst dann zuteil werden, wenn wir gestorben sind. ... Wenn es also nicht möglich ist, in Verbindung mit dem Leibe irgend etwas rein zu erkennen, so bleibt nur eines von beiden: entweder können wir das Wissen überhaupt nicht erlangen oder erst nach unserem Tode. Dann wird die Seele ganz für sich sein, getrennt vom Leibe, vorher aber nicht. Und solange wir leben, werden wir offenbar dann dem Wissen am nächsten kommen, wenn wir mit dem Leibe möglichst wenig verkehren und keine Gemeinschaft mit ihm haben, soweit es nicht unbedingt notwendig ist.«[181] Sokrates fürchtet den Tod nicht, weil er ihn durch lebenslange denkerische Bemühung kennt, weil er schon oft die Schwelle zum Jenseits überschritten hatte, aber ohne »daß die anderen es merkten«.

Nun ist es interessant, daß Rudolf Steiner aus seiner geisteswissenschaftlichen Beobachtung heraus das Phänomen des Denkens genau so schildert, wie es der Grieche darstellte: »Eine materialistische Wissenschaft glaubt, daß der Mensch etwa mit seinem Gehirn denke. Er denkt nicht mit seinem Gehirn, das ist einfach ein Irrtum. ... Der Vorgang des Denkens, die Tätigkeit des Denkens, die Verbindung und Lösung von Ideen läuft nicht im physischen Leibe ab, sondern im ätherischen oder Lebensleib. In Wahrheit denkt auch der Mensch, der im gewöhnlichen Leben steht, mit seinem ätherischen Leibe, nur bewirkt das Stehen im gewöhnlichen Leben, daß der Mensch kein Wissen haben kann von jener Tätigkeit, die in ihm vorgeht, wenn er denkt. Im Grunde genommen denkt der Mensch fortwährend, und fortwährend ist der ätherische Leib in Bewegung, und diese Bewegung bedeutet *denken*. Aber was kommt von alledem zum Bewußtsein, was so im ätherischen Leibe vorgeht? Es kommt nur das zum Bewußtsein, was davon gespiegelt wird. ... In all den Fällen, wo das Leben gespiegelt wird, wird es bewußt. Daher muß der physische Leib da sein, damit der ätherische Leib, der eigentlich denkt, von seinem Denken etwas wissen kann.«[182] Das große Problem der gegenwärtigen Gehirnphysiologie besteht darin, das Denken nur aus dem Ablauf der beobachtbaren physischen Vorgänge im Gehirn erklären zu wollen. Das gelingt nicht, weil der

[181] op. cit. 66 e.

[182] R. Steiner, Vortrag vom 31.8.1912, GA 138, S. 123 f.

Abb. 102 Grabstele von Kato Samikon. Vor der in Relief angedeuteten Palmette und den seitlich aufwachsenden Akanthusblättern war ehemals ein vollplastischer Kopf eingesetzt, so daß sich eine ähnliche Gestaltung wie bei Abb. 99 ergeben hat. Späthellenistisch. Olympia, Museum Nr. A 437.

Urheber des Gedankens dort nicht zu finden ist. Dies wird wohl kaum deutlicher ausgesprochen als von John Eccles, einem der bedeutendsten Gehirnforscher der Gegenwart, der folgerichtig zu einer dualen Erklärung der Gehirnvorgänge gekommen ist. Er stellt das selbständige Bewußtsein dem physisch-leiblichen Gehirn gegenüber: »Das Bewußtsein ist in der Lage, den Zustand einer Vielzahl aktiver Zentren auf höchster Ebene der Hirntätigkeit abzulesen. Das Bewußtsein trifft aus diesen Zentren je nach Ausrichtung seiner Aufmerksamkeit seine Wahl und faßt diese Auswahl von Augenblick zu Augenblick zusammen, dabei selbst noch die flüchtigste Erfahrung in ein Erfahrungsganzes integrierend. Darüber hinaus wirkt das Bewußtsein auch seinerseits auf diese neuronalen Zentren hin, indem es die dynamischen raumzeitlichen Muster der neuronalen Prozesse modifiziert. Das Bewußtsein übt also eine übergeordnete, interpretierende und kontrollierende Funktion auf die neuronalen Vorgänge aus. Im Zentrum dieser Hypothese steht die Annahme, daß die *Einheit* der bewußten Erfahrung durch das Bewußtsein selbst und nicht durch die neuronalen Mechanismen bewirkt wird.«[183]

Wenn wir denken, spielen sich also zwei verschiedene Prozesse ab. Der eine verläuft ganz im Lebensleib, die einzelnen Begriffe zur Ganzheit des Gedankens zusammenschließend. Dies geschieht mit den gleichen Kräften, die auch den Leib zu einem lebendigen Organismus gestalten. Der andere kommt dadurch zur Erscheinung, daß sich der Vorgang im Lebensleib an dem physisch-leiblichen Instrument, dem Gehirn, spiegelt. In dem Moment aber erstirbt die lebendige Tätigkeit. Nur noch tote, physische Vorgänge sind zu beobachten. Deren Zusammenhang mit den ursprünglichen Gedanken kann dann von außen nicht mehr gesehen werden. Rudolf Steiner faßt diesen Sachverhalt einmal ganz kurz zusammen: »Der Mensch denkt in denselben Kräften, durch die er wächst und lebt. Nur müssen diese Kräfte, damit der Mensch zum Denker wird, ersterben.«[184]

Lenken wir nun unseren Blick auf das korinthische Kapitell zurück, so können wir jetzt verstehen, was seine Formen darstellen sollen. Durch sie wird der oben geschilderte Denkprozeß verbildlicht, der sich zwischen den Kräften des Lebensleibes und den physiologischen Er-

[183] J. C. Eccles, Hirn und Bewußtsein, S. 33. Aufsatz aus dem Wiss. Jahrbuch der Firma Böhringer 1977/78. Eine ausführlichere Darlegung seiner Hypothese gibt der Autor in seinem Werk: The Self and its Brain, Berlin, Heidelberg, London, New York 1977, S. 355 ff.

[184] R. Steiner, Anthroposophische Leitsätze, GA 26, S. 204.

scheinungen am Kopfe, zwischen Leben und Tod, abspielt. Zwar ist das Leben auch aus diesen Formen gewichen, aber im Anschauen entspringt neues Leben, ein neuer Gedanke aus dem erstarrten Gebilde.

Dieselbe Tatsache, die am korinthischen Kapitell künstlerisch gestaltet ist, wird im Mythos von der Geburt der Athena berichtet. Auch da lebt im Bilde, daß die Denktätigkeit aus dem Kopf hervorkommt, indem Athena aus dem Haupte des Zeus entspringt. Diese Geburt ist gleichzeitig eine Geburt aus dem Wasser (Tritogeneia), d. h. es existiert ein Wissen davon, daß Athena aus dem allgemeinen Lebensurgrund entstammt. Was sie als Göttin darlebt, ist die Tätigkeit des Verstandes, der Klugheit. Diese ist rein und jungfräulich; und in dem häufigsten Beiwort der Athena (Parthenos = die Jungfräuliche) wird das zum Ausdruck gebracht.

Die jungfräuliche Säule, die korinthische Säule, tritt nun geschichtlich in genau demselben Moment auf, in dem die Philosophie in Athen durch Sokrates ihre erste Blüte entfaltet und in dem – wiederum durch Sokrates – die Fähigkeit des Denkens bei vielen Menschen geweckt wird. Die ersten erhaltenen korinthischen Kapitelle stammen aus dem vierten Jahrhundert, dem Jahrhundert, in dem Platon und Aristoteles leben. Diese beiden Philosophen sind es auch, die immer und immer wieder betonen, daß das Denken genau so verlaufen solle, wie ein Organismus wächst.[185] Ein Begriff soll mit dem anderen zusammenhängen, und nichts soll gesagt werden, was keine Beziehung zu dem Thema hat, das gerade behandelt wird.

Dem inneren Wesen des Denkens entsprechend, erscheinen alle frühen korinthischen Kapitelle nur im Innern der Cella, nie im Umgang und fast nur in Tempeln, die entweder Athena oder Apollon geweiht sind oder mit diesen Göttern in Verbindung stehen (Bassä, Tholos in Delphi, Tegea, Tholos in Epidauros). Erst die Römer lösen die korinthische Säule aus ihrem ursprünglichen Zusammenhang und benutzen sie, vor allem wegen ihrer prächtigen dekorativen Wirkung, auch in der Peristasis, ja sogar an profanen Bauten. Den Griechen dagegen bleibt die innere Beziehung dieses Architekturgliedes zu den Kräften des Lebens und des Todes noch lange im Bewußtsein. In Epidauros

185 Vgl. z. B. Platon, Phaidros 264 a–c.

scheint sogar das Wissen von dieser Beziehung noch dadurch hervorgehoben worden zu sein, daß ein »Musterkapitell«, neben dem Bau (Tholos), wofür es als Vorbild diente, sorgfältig »bestattet« worden ist. Bei der Ausgrabung des Geländes hat man es, fast unversehrt, wiedergefunden (Abb. 101).

Vergleichen wir die Kapitelle der drei verschiedenen Säulenordnungen miteinander, so fällt uns vor allem ihre schrittweise steigende Kompliziertheit auf. Von den einfachen, strengen, dorischen Kapitellen über die schön geschmückten ionischen bis zu den späten, kunstvollen korinthischen Werken scheinen immer freiere Gestaltungsmöglichkeiten gegeben zu sein. Halten wir im Bewußtsein, daß die Säule einen Menschen repräsentiert und ihr Kapitell seinen Kopf, dann sehen wir auch in den sich stufenweise befreienden Formen der Kapitelle stufenweise erscheinende Formen und Kräfte des Hauptes. Diese Entwicklung kann parallel gesehen werden zur Entwicklung der Denkfähigkeit des Menschen in Griechenland. Von dem rein im Tragen aufgehenden dorischen Kapitell bis zu der phantasievollen, fast freien Erfindung des Kallimachos ist die Entwicklung vom rein leiblich bestimmten Dasein zum freien Bilden im Gedanken künstlerisch ins Bild gebracht.

Friedrich Hiebel hat einmal versucht,[186] das dorische Kapitell in seiner strengen Form mit dem leibgebundenen Willen des Gymnasten zu vergleichen, das ionische Kapitell mit dem Fühlen des Künstlers und Rhetors, und die korinthische Form mit dem Denken des Philosophen. Aber bei all solchen Zuordnungen ist zu bedenken, daß es sich um Bilder der Seelentätigkeiten (Denken, Fühlen, Wollen) im Lebensbereich handelt: leibliche Anspannung, um das Gebälk tragen zu können, beim dorischen Kapitell, harmonische Ausgeglichenheit zwischen Tragen und freier, schöner Gestaltung bei der ionischen Form und freie geistige Bewegung, ohne irgendeinen Anschein leiblicher Anstrengung, beim korinthischen Kapitell.[187]

An der Form der griechischen Säulen können wir wieder die gleiche Entwicklung ablesen, die sich in der Seele des Griechen vom 8. bis zum 4. Jahrhundert vollzieht[188] – den Umschwung von außen nach innen. Das ursprünglich an die natürliche Welt gebundene Seelenleben zieht sich in den eigenen Innenraum zusammen, löst sich dabei von der

186 in F. Hiebel, Die Botschaft von Hellas, Bern 1953, S. 146.

187 Vgl. auch die ganz ähnlichen Ergebnisse von J. Onians, in ›Art and Thought in the Hellenistic Age‹, London 1979, p. 73–79: »Dem korinthischen Kapitell scheint eine Zuordnung zur Welt der Ausschmückung der Innenräume eigen gewesen zu sein. Es findet sich im Inneren vieler Bauten des 4. Jhts. . . . Aus all diesen Beispielen ergibt sich, daß die korinthische Ordnung ganz entschieden mit den heiligeren Innen-Räumen der Tempel verbunden worden war, im Gegensatz sowohl zur ionischen wie auch zur dorischen Ordnung. . . . Die Entwicklung einer solchen Beziehung läßt vermuten, daß die Griechen allmählich zu der Erkenntnis gelangt waren, daß Innenräume mit ihrer ›exklusiven‹ und möglicherweise auch geistigen Bedeutung wichtiger waren als die Außenarchitektur mit ihrer ›gewöhnlichen‹, oft sogar leiblichen Bedeutung.«

188 Vgl. dazu z. B. auch K. Schefold, Götter und Heldensagen der Griechen, München 1978, S. 272.

Natur und wird dem Menschen frei verfügbar. Damit gewinnt er die Möglichkeit, sich selbst zu bestimmen. Bei diesem Umschwung entschwindet die ehemals außen erscheinende Götterwelt, taucht aber, wenn auch ihrer Göttlichkeit entkleidet, als innere Welt, die der Mensch jetzt als seine eigene erlebt, wieder auf.[189]

189 Vgl. dazu B. Snell, Die Entdeckung des Geistes, Göttingen 1975, S. 36.

# Die Rundtempel

Zu den schönsten und kostbarsten Tempeln Griechenlands gehören die Rundtempel, die Tholoi. Die zwei bekanntesten davon, die Tholoi von Delphi und von Epidauros, seien hier näher betrachtet.
Alle Rundtempel scheinen eine besondere Bedeutung zu haben, denn sie sind nur dort zu finden, wo schon »normale« Göttertempel vorhanden sind. Meist sind sie dazuhin der schönste und auffallendste Bau des betreffenden Heiligtums. Dennoch scheinen sie ein Geheimnis zu bergen. Wenn nämlich nach ihrem Sinn und ihrer Aufgabe gefragt wird, dann schweigen die antiken Quellen. Vielleicht besteht dieses Rätsel nur für uns und nur deswegen, weil uns eben zufällig keine Überlieferungen bekannt geworden sind. Aber dieser Zufall scheint gewollt, denn der sonst so zuverlässige Pausanias hat in seiner »Beschreibung Griechenlands« die Tholos von Delphi einfach ausgelassen, obwohl er alle Bauten in ihrer Umgebung behandelt, und die von Epidauros nur kurz erwähnt, ohne auf ihre Bedeutung auch nur ahnungsweise einzugehen. Bis heute ist es jedenfalls, trotz ernsthaftester Bemühungen, noch nicht gelungen, das mit diesen Bauten verbundene Mysterium aufzudecken.
Die beiden Bauten zeichnen sich dadurch aus, daß ihr Innenraum – in Delphi durch einen brunnenähnlichen Schacht in der Cellamitte, in Epidauros durch einen labyrinthartigen Unterbau – mit der Erdentiefe verbunden ist. Das gibt es sonst nirgends bei griechischen Tempeln und kann nur dann erklärt werden, wenn die dadurch hergestellte Beziehung zur Unterwelt, zur Welt der Toten, bei der Deutung mit berücksichtigt wird. Ein Götterbild scheint sich in keiner der beiden Cellen befunden zu haben. Beide Tempel zeigen außen dorische Säulen

Abb. 103  Blick von Norden auf den Rundtempel im heiligen Bezirk der Athena Pronaia in Delphi.

Abb. 104  Blick auf den labyrinthartigen Unterbau des Rundtempels von Epidauros.

und innen korinthische, und beide Tempel sind, im Gegensatz zu den Bauten ihrer Umgebung, vollständig aus Marmor errichtet. Sie waren beide sicherlich die am sorgfältigsten gearbeiteten Bauten ihres Heiligtums. Über die Tholos von Delphi hat ihr Erbauer, Theodoros von Phokäa, sogar ein Buch geschrieben, um die außerordentlich geglückten Proportionen und Symmetrien auch theoretisch darzulegen. Die Symmetrie (im griechischen Sinne, d. h. die inneren Bezüge der einzelnen Bauglieder zueinander und zum Ganzen) kann bei einem Rundbau ja noch viel vollkommener ausgebildet werden als bei einem rechteckigen Gebäude – schon durch den Wegfall des dorischen Eckkonflikts. Als Beispiel sei hier nur die schöne Entsprechung erwähnt, die bei der

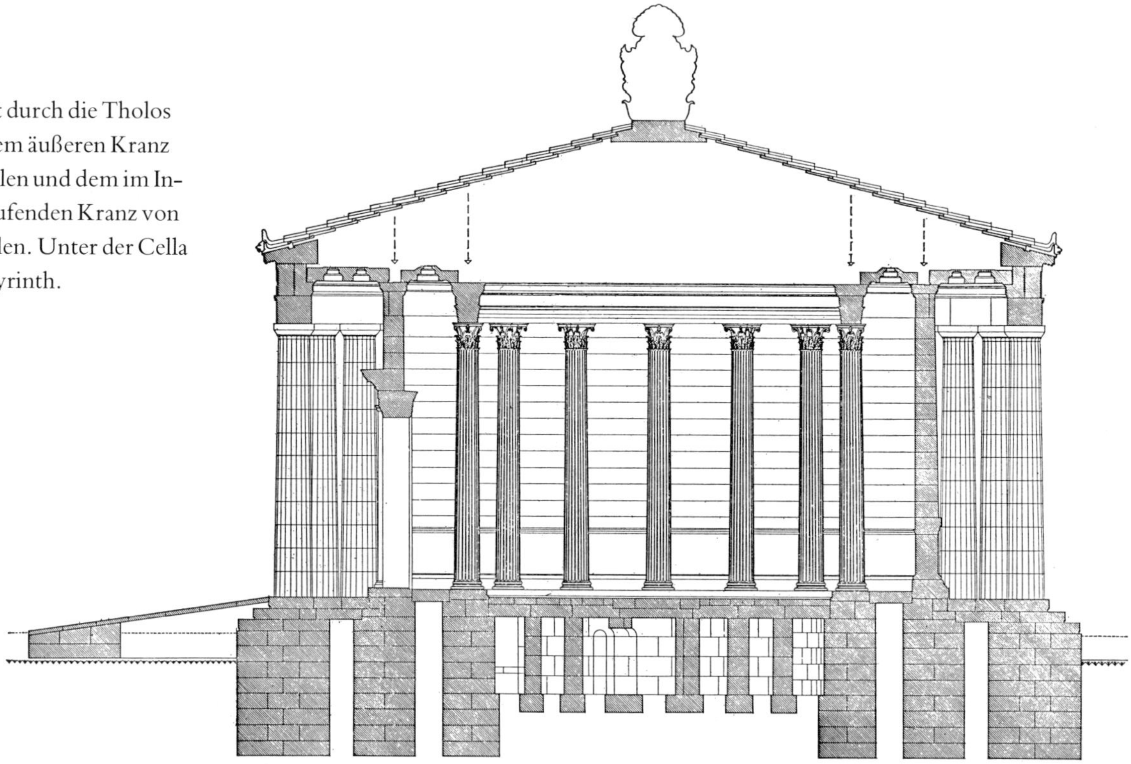

Fig. 22  Querschnitt durch die Tholos von Epidauros mit dem äußeren Kranz von 26 dorischen Säulen und dem im Inneren der Cella umlaufenden Kranz von 14 korinthischen Säulen. Unter der Cella befindet sich das Labyrinth.

Tholos von Delphi zwischen dem Grundriß mit 20 Säulen in der Peristasis und der Einzelsäule besteht, die durch dieselbe Anzahl von Kanneluren den Grundriß quasi wiederholt.

In Epidauros dagegen sind die Symmetrien nicht vollkommen durchgeführt. Die auffälligste Störung ist die Unvergleichbarkeit der 26 Säulen der Peristasis mit den 14 Säulen im Cellaraum. Eine solch ungewöhnliche Tatsache kann kaum auf ungenügendem Können des Architekten beruhen, denn Polyklet der Jüngere scheint der bedeutendste Baumeister des 4. Jahrhunderts gewesen zu sein. Es bleibt nur die andere Erklärungsmöglichkeit übrig, daß diese Säulenzahlen bewußt gewählt worden sind, möglicherweise aus zahlensymbolischen Gründen.

Der Schlüssel zum Verständnis dieser Rundbauten liegt im Sinn des Labyrinthes von Epidauros verborgen. Von ihm muß ausgehen, wer den Zusammenhang mit den speziellen Eigenheiten der Tholos enträtseln will. Und von ihm sind auch alle bisherigen Deutungsversuche ausgegangen.[190]

190 Vor allem: F. Robert, Thymélè, Paris 1939 und G. Roux, L'Architecture de l'Argolide, Paris 1961, p. 131–200.

Überall, wo ein Labyrinth in Griechenland erwähnt wird, wird es im Zusammenhang mit dem Tod gesehen. Schon im altbekannten Mythos von Theseus wird berichtet, daß der Minotauros im Zentrum seines Labyrinthes in Kreta darauf warte, alle neun Jahre sieben Jünglinge und sieben Jungfrauen Athens als Opfer zu erhalten. Dort auch gibt ihm der königliche Heros, der als einer der sieben Jünglinge mitgegangen ist, den Tod. Dank der liebevollen Vorsorge Ariadnes, die dem Helden einen Faden gab, den er auf seinem Wege in die komplizierten Windungen des Labyrinthes abspulte, konnte Theseus den Weg wieder zurückfinden, um sich, die übrigen Opfer und Ariadne zu befreien. Nach mancherlei Zwischenfällen wird auf der Rückfahrt in Delos – der Geburtsinsel des Apollon – Station gemacht, um das Dankfest für die Errettung zu feiern. Dabei wird zum erstenmal ein neuer Tanz, der Geranos (Kranichtanz), aufgeführt. Nach antiker Überlieferung ist dies ein Tanz, bei dem alle Mittänzer an einem Seil anfassen, damit sie dem Anführer in den labyrinthisch-komplizierten Figuren folgen können. Der Geranos scheint also das Erlebnis des Labyrinthes in die bewegte Gestalt transformiert zu haben. Er findet nachts statt, unbeobachtbar für äußere Augen, entsprechend der äußeren Undurchschaubarkeit des Labyrinthes.

Karl Kerényi weist darauf hin,[191] daß das Labyrinth zwei Möglichkeiten des Ausgangs habe: erstens durch den Faden wieder zurück zum Ausgangspunkt und zweitens durch Flügel zum Himmel zurück, wie es von Daidalos und seinem Sohn Ikaros berichtet wird. Dieses Flugerlebnis, das auch im Kranichtanz miterlebt worden zu sein scheint, ist mit dem Wesen Apollons verbunden: Daidalos hat seine Flügel nach der Rettung in Cumae dem Apollon geweiht, und Theseus tanzt den Geranos nach seiner Rettung an der Stätte, an der Apollon geboren wurde.

Zwei hauptsächliche Bewegungen sind es, die diesen Tanz charakterisieren: Die eine davon führt spiralförmig nach innen, unter Umständen in mehreren »Verdichtungen« bis zum Nullpunkt, wo die Umwendung in die andere Bewegungsrichtung stattfindet, die nach außen führt, ins »Fliegen«. Dabei wird der Gang nach innen bis zur Bewegungslosigkeit im Zentrum mit dem Erlebnis des Todes verbun-

[191] K. Kerényi, Labyrinth-Studien, Amsterdam-Leipzig 1941, S. 44 ff.

den, der Gang nach außen dagegen, das Flugerlebnis, mit der Rettung, der Auferstehung und der Wiedergeburt.

Ein zweites Element, das bei diesem Tanz eine wesentliche Rolle spielt, ist Ariadne selbst. Und zwar tritt sie in den verschiedenen Erzählungen des Mythos nicht nur als das Wesen auf, das Theseus den Faden zur Verfügung stellt, sondern sie scheint auch Wesenszüge mit den Göttinnen Aphrodite, Artemis und Persephone zu teilen. Ein gleiches Schicksal (sie wird von Dionysos auf der Rückfahrt von Kreta geraubt) und ihre enge Beziehung zu Tod und Geburt mögen dafür die Voraussetzungen gewesen sein.[192] Damit erklärt sich, daß der Geranos vor einem Altar der Aphrodite getanzt wird und auch an den Festen zu Ehren der delischen Artemis.

Der Mythos vom Labyrinth und dessen Ausdruck im Tanz lebt also im Bewußtsein der Griechen im Zusammenhang mit den Gedankenverbindungen von Tod und Auferstehung, von Persephone, Ariadne, Apollon und von freier, komplizierter, ja fliegender Bewegung.

Die Kreisform des Labyrinthes hat mit seiner funerären Bestimmung zu tun. Schon seit mykenischer Zeit werden Gräber gern rund gebaut.[193] Das ist dem nachtodlichen Weg der Seele gemäß, die sich ja von der Erde und deren Rechtwinkligkeit (z. B. den Himmelsrichtungen) löst und in eine höhere Welt eingeht. Auch der dreifache Ring des epidaurischen Labyrinthes hat seinen Ursprung im Totenkult, bei dem dreifache Umgänge um das Grab immer wieder vollzogen werden.[194]

Aus der Zusammenschau aller bisher geschilderten Eigenschaften des Labyrinthes ergibt sich fast mit Notwendigkeit, daß die Tholos von Epidauros einem Grabbau nahe verwandt sein muß. Aber wer könnte da begraben sein? F. Robert und G. Roux sind durch ihre ausführlichen Studien, in denen nicht nur das Labyrinth zur Erklärung herangezogen wird, sondern auch die Lage des Rundbaus (im Zentrum des heiligen Bezirkes, an heiliger Stätte), ihre antiken Benennungen usw., zu dem Ergebnis gekommen, daß wir in der Tholos von Epidauros das fiktive Grab des Asklepios vor uns hätten.

Asklepios – ein Sohn des Apollon und der Koronis, eines Gottes und einer Sterblichen – unterlag wie jeder Heros dem Tod. Aber auch die-

---

192 Ausführliche Nachweise bei K. Kerényi, op. cit. S. 46/47.

193 Vgl. O. Pelon, Tholoi, Paris 1976.

194 Gesammelt von G. Roux, in op. cit. S. 194 f.

ser Tod war, wie jeder Tod, nicht das Ende eines beseelten Wesens, Asklepios wirkt weiter, doch jetzt in der Sphäre der Nacht. Im Traum erscheint er den Heilungsuchenden, die erst nach gründlicher Vorbereitung zum Heilschlaf ins Abaton geführt worden waren, und heilt sie oder gibt ihnen den Weg zu ihrer Heilung an.

Dem Wirken des Asklepios einen Ort zu schaffen, ist der eigentliche Sinn der Tholos von Epidauros. Dieses Wirken verbindet zwei Welten miteinander: Aus der göttlich-geistigen Nachtsphäre kommt die Hilfe des Gottes für die Menschen, die in der sinnlich-körperlichen Welt leben und dort erkrankt sind. Wenn die Tholos ein echtes Bild dieses Wirkens sein soll, so muß auch sie diese beiden Welten miteinander verbinden. Das zeigt sich in Epidauros zum Beispiel in der Verwobenheit der beiden Bauten, des oberirdischen Rundtempels mit dem unterirdischen Labyrinth. Dabei ist das Labyrinth vom Cella-Inneren aus nur insofern zu erschließen, als der Boden spiralförmige Muster trägt. Der Zugang zum Labyrinth ist an der Ruine leider nicht mehr eindeutig rekonstruierbar. Es spricht manches dafür, daß der mittlere Stein des Cellabodens herausnehmbar war und für bestimmte Kulthandlungen auch herausgenommen worden ist.[195] Aber von den ehemaligen Treppen, die ins Labyrinth hinunterführten, sind keinerlei Spuren gefunden worden, weder im Zentrum noch an der Peripherie.

Dieser Doppelheit des Baues entspricht auch eine Doppelheit des Kultes, der dort ausgeübt worden ist. Von Pausanias wissen wir,[196] daß zwei Bilder im Innern der Cella zu sehen gewesen sind. Nach seiner Beschreibung zeigte das eine davon den jugendlichen Eros, der den Bogen mit den Pfeilen beiseitegelegt hat und auf einer Leier spielt. Das andere aber eine weibliche Gestalt, die Methe (Trunkenheit), die aus einer durchsichtigen Glasschale trinkt. Für den Griechen ergibt sich daraus sofort der Bezug des einen Bildes zu Apollon und des anderen zu Dionysos. Diese Doppelheit klingt nun auch bei anderen Berichten, die von diesem Bau überliefert sind, immer wieder an.

Ohne Zweifel steht die Tholos auf dem heiligen Grund des Apollon. Nominell wird zwar im Heiligtum Asklepios verehrt, der jedoch als Heilgott mit einer bestimmten Funktion seines Vaters identisch ist. »Heilungen des Apollon und des Asklepios« heißt die Überschrift auf

---

195 Vgl. G. Roux, op. cit. p. 160.
196 Beschreibung Griechenlands II, 27.

Fig. 23   Eine »Tholos« aus Zweigen, die in vorhellenischen Kulten als Grabschmuck diente (aus Robert, op. cit. p. 46).

197 K. Kerényi, Der göttliche Arzt, Darmstadt 1956, S. 31.

198 F. Robert, op. cit. p. 325 ff.

199 Weitere Übereinstimmungen bei K. Kerényi, op. cit. S. 40 f.

den Stelen, die im Temenosbezirk aufgestellt werden, um von den geschehenen Taten des Gottes zu berichten. Karl Kerényi hat diese Einheit Apollons mit dessen Sohn in Epidauros so zu fassen versucht, daß er das Erscheinen Apollons, dessen lichtvolles Aufleuchten, mit dem Namen »Asklepios« bezeichnet.[197] Das heißt, wenn der Aspekt der tätigen Wirksamkeit des göttlichen Wesens angeschaut und erlebt wird, dann wird der Name des »Sohnes« verwendet. Das Wesen aber, das erscheint, ist Apollon.

Andererseits wird in bezug auf die Tholos auch von bedeutenden Opfern berichtet, die man zwei chthonischen Göttinnen dargebracht habe.[198] In den sonst unbekannten Namen konnte man die Lokalform von Demeter und Persephone wiedererkennen. Es liegt ja auch nahe, an Persephone zu denken, schon durch ihre enge Verbindung mit dem Labyrinth und das ihrem Wesen entsprechende Leben in den beiden Weltbereichen: Denn zwei Drittel des Jahres verbringt sie an der Oberwelt und ein Drittel in der Unterwelt, dem Reiche der Schatten. Aber diese Hinweise können noch weiter ergänzt werden. Es zeigt sich nämlich, daß auch sonst eine, wenn auch nicht ganz deutliche Verwandtschaft zwischen Epidauros und Eleusis besteht, dem Ort, an dem die Mysterien von Demeter und Persephone ihr Zentrum haben. Man möge nur daran denken, daß die »Epidauria«, die »Epidaurischen Begehungen« nach der Einführung des Asklepioskultes in Athen (420 v. Chr.) in den Festzyklus der eleusinischen Mysterien eingereiht wurden, und zwar als Vorbereitung zu den Erlebnissen der Eingeweihten.[199] In Delphi hat man die enge Beziehung des Inneren der Cella mit Eleusis dadurch zum Ausdruck gebracht, daß man den Boden mit eleusinischem Kalkstein bedeckte. Diese bautechnische Besonderheit (Kalkstein gibt es ja sonst in Delphi in Fülle) und die Opfergrube in der Mitte der Cella genügen dem Wissenden, um die konkreten Verbindungen mit diesen Göttinnen herzustellen.

Das Labyrinth unter der Tholos von Epidauros ist ein Bild für den Bereich des Todes, des Grabes. Aber aus dieser unterirdischen Dunkelheit gibt es auch wieder einen Aufstieg in die Welt des Lichtes. Vielleicht sind die zwei mal sieben Säulen des Cellaraumes eine Anspielung auf die sieben Jünglinge und sieben Jungfrauen, die aus dem Labyrinth von Knossos durch Theseus gerettet worden sind. Der Oberbau kündet damit von der Auferstehung des Toten, der als neugeborenes Kind die Welt Apollons betritt. Auch Asklepios wird in Griechenland als »schönes Kind und großes Licht für die Sterblichen«[200] verehrt. Als Ort dieser göttlichen Geburt wird mehrfach das Heiligtum von Epidauros erwähnt.[201] Vielleicht ist das der Grund, warum im Heiligtum keine profane Geburt erlaubt war, ebensowenig wie auf Delos, dem anderen Geburtsort Apollons. Auch sterben darf niemand in diesen beiden Heiligtümern. Der Tod und die Wiedergeburt eines Gottes sollten nicht verwechselt werden mit der leiblichen Geburt und dem leiblichen Tod eines Menschen.

Am deutlichsten weist auf den Zusammenhang von Tod und Auferstehung der Name »Tholos« hin. Er wird nämlich ursprünglich nur für das komplizierte Pflanzengebilde verwendet, das offenbar die Gräber direkt schmückte (Fig. 23).[202] Bei der klassischen Tholos, dem Rundtempel, ist dieses Gebilde zu einem äußerst komplizierten Akroteraufbau geworden (Fig. 24). Es ist – wie dieser – einer Grabstelenbekrönung verwandt und hat auch dieselbe Bedeutung. In Epidauros sind sogar noch Farbspuren erhalten, die bezeugen, daß diese pflanzenhafte Form ursprünglich rot (!) bemalt gewesen ist.[203] Das Wort »Tholos« wird in manchen Texten durch »Skias« ersetzt,[204] ein Synonym, das mit unserem Wort für »Schatten« verwandt ist. Auch das ist wieder ein Hinweis auf das Reich der Toten, dessen Bewohner ja keine Körperlichkeit mehr besitzen und von den Griechen nur noch als Schatten erlebt werden können.

Aus all dem, was aus dem Zusammenhang der Tholos bekannt ist, geht hervor, daß ihr Sinn nicht in einer einseitigen Bedeutung gesucht werden kann. Sie ist weder nur Grab eines Menschen noch nur Tempel eines Gottes. Ihre Aufgabe besteht vielmehr darin, die Verbindung zwischen diesen beiden Welten herzustellen. Auf Erden wird diese Verbindung durch einen »Heros« geschaffen, denn als Teilhaber an beiden Welten kann er sie auch vermitteln.

Suchen wir im Menschen die innere seelische Tätigkeit auf, die dieser ehemals außen geschauten göttlichen Wirksamkeit entspricht, so finden wir nur im »Denken« eine solche vermittelnde Tätigkeit wieder.

Fig. 24 Rekonstruktion des komplizierten Mittelakroters der Tholos von Epidauros (aus Roux, op. cit. p. 167).

200 Aristophanes, Plutos 640/1.
201 Vgl. K. Kerényi op. cit. S. 32.
202 Vgl. F. Robert, op. cit. p. 46 ff und p. 423.
203 Vgl. G. Roux, op. cit. p. 168.
204 Vgl. F. Robert, op. cit. p. 98 ff.

Diese Tätigkeit ist von geistiger Wesenhaftigkeit: »Es gibt für die Menschen nichts Göttliches und Seliges außer dem, ... was in uns an Geist (Nous) und Denken (Phronesis) vorhanden ist. Denn von dem, was unser ist, scheint dies allein unvergänglich, dies allein göttlich zu sein. Und sofern wir an einer solchen Fähigkeit teilhaben können, ist unser Leben, obwohl von Natur armselig und drückend, doch so freundlich eingerichtet, daß der Mensch im Vergleich zu den anderen Lebewesen ein Gott zu sein scheint. Denn ›der Geist ist der Gott in uns‹ und ›menschliches Leben birgt in sich den Teil einer Gottheit‹.«[205] Dieses göttliche Element, das in uns wohnt, verhilft dazu, uns über uns selbst hinaus in den Bereich des Göttlichen zu erheben. Denn »mit dem Menschen verglichen ist der Geist etwas Göttliches und auch das Leben im Geistigen ist, verglichen mit dem menschlichen Leben, etwas Göttliches. Deswegen sollen wir uns ... nicht als Sterbliche mit sterblichen Gedanken bescheiden, sondern, soweit wir können, uns zur Unsterblichkeit erheben.«[206]

Der Grieche erlebt das Denken – die geistige Fähigkeit, durch die sich der Mensch in den göttlichen Bereich emporerheben kann – als ein Geschenk Apollons: »Unser lieber Apollon ... heilt zwar die Nöte des Lebens und löst seine Fragen, indem er den Orakelsuchenden Antwort erteilt; die Probleme der Erkenntnis aber überläßt er dem philosophisch Begabten und gibt sie ihm auf, indem er dessen Seele einen Trieb einpflanzt, der ihn zur Wahrheit leitet.«[207] In Epidauros wird diese Fähigkeit, wenn sie als solche erlebt wird, wie eine Gotteserscheinung mit dem Namen des Sohnes Apollons, mit ›Asklepios‹ bezeichnet. In Delphi dagegen scheint es der Name Athenas gewesen zu sein, der diese Tätigkeit beschreibt, und zwar derjenigen Athena, die *vor* dem Tempel Apollons lebt (Athena Pronaia). Durch ihr Heiligtum muß hindurch, wer zu Apollon gelangen will.

Auch der Zusammenhang des Denkens mit dem Tod ist dem Griechen bekannt. Es möge an dieser Stelle genügen, die Aussage des Sokrates in Erinnerung zu rufen,[208] wo er davon spricht, daß »alle die, welche sich mit der Philosophie richtig befassen, sich offenbar mit nichts anderem beschäftigen als mit dem Sterben und mit dem Totsein, aber ohne daß die anderen es merken«. Dieses Sterben des Gedankens tritt immer

---

205 Aus dem Protreptikos des Jamblichos, den er wohl von Aristoteles abgeschrieben hat. In der Übersetzung von O. Gigon (Artemis-Verlag, Einführungsschriften des Aristoteles) Nr. XXI.

206 Aristoteles, Nikomachische Ethik. X, 7 (1177 b), übersetzt von F. Dirlmeier.

207 Plutarch, Über das E in Delphi 1, vgl. auch S. 125.

208 Vgl. S. 158.

dann ein, wenn wir den Gedanken ausgeformt haben und nicht bemerken, daß wir zu seiner Gestaltung tätig gewesen sind; ihn also nur als fertige Vorstellung vor uns haben. Seine »Auferstehung« wird sich dann anschließen können, wenn wir uns in einem zweiten Schritt dazu entschließen, bewußtzumachen, was unbeobachtet geblieben ist. Dazu müssen wir versuchen, von der fertigen Vorstellung aus rückwärts zu beobachten, was uns beim Bilden des Gedankens zu dieser Bildung veranlaßte. Erst dann entdecken wir, ob wir nur Meinungen wiederholt oder ob wir dem Inhalt entsprechend gedacht haben. An diese erste Beobachtung schließt sich weiter die Entdeckung an, daß jeder Gedanke von ganz genau geführten Vorstellungsbewegungen gestaltet wird. Wer noch tiefer geht, wird auf die Kräfte aufmerksam werden, die diese soeben genannten Bewegungen hervorbringen. Ein Gedanke scheint also nur demjenigen abstrakt und ohne konkreten Inhalt zu sein, der die wahren Gedanken, ihre Bildekräfte und Bildebewegungen, nicht durchschaut. Wer sich aber dazu bringt, das Leben im Denken wahrhaft zu bemerken, der wird sich damit eine Methode erschließen, die geeignet ist, in immer tiefere Untergründe der Welt einzutauchen.

In alten Zeiten ist die Tätigkeit, die zu Erkentnissen führt und die wir heute als Denken bezeichnen, im Bilde der Schlange gesehen worden. In ihr hatte der Mensch mythischen Bewußtseins ein Wesen vor sich, dessen Biß zum Tode führen kann. Aber andererseits hatte dieses Wesen sowohl die Fähigkeit, in den steinigsten und totesten Gebieten der Wüste zu leben, als auch die bewundernswerte Möglichkeit, sich durch Häutung zu erneuern – quasi als neugeborenes Wesen wieder aufzuerstehen. Athena und Asklepios, also gerade die Götter, die mit dem Denken zu tun haben, werden beide von der Schlange begleitet.

Uns ist das Bild der Schlange aus dem Alten Testament bekannt, vor allem aus der Paradiesesgeschichte. Dort wird Adam von Gott gewarnt, ja nicht vom Baum der Erkenntnis zu essen, sonst würden sie »des Todes sterben« müssen. In einem späteren Bild kommt dies Motiv sogar noch eindrücklicher zur Erscheinung. Da wird erzählt, wie das Volk Israel, erbittert von dem langen Aufenthalt in der Wüste, gegen Gott und Moses murrt.[209] Daraufhin »schickte Gott Schlangen

209 4. Mose 21, 4–9.

Abb. 105  Asklepios, um dessen Stab sich eine Schlange windet. Gefunden in Epidauros. Athen, Nationalmuseum.

aus, die bissen das Volk und viel Volk von Israel starb«. Nachdem sie ihre Sünde erkannt haben, wenden sie sich reuig an Moses und bitten ihn, sich doch bei Gott für sie einzusetzen. Gott erhört Moses und befiehlt ihm, eine eherne Schlange aufzurichten, und so sei es: »Jeder Gebissene sehe sie an und er wird leben bleiben.«

Dieses Bild spricht deutlich aus, was es meint, wenn wir es mit dem Schlüssel aufzuschließen versuchen, der durch den Zusammenhang Schlange und Denktätigkeit gefunden worden ist. Denn was heißt denn, eine eherne Schlange aufrichten, die man nur anzuschauen brauche, um wieder leben zu können? Doch nichts anderes, als daß die Tätigkeit, die zum Tode führte, nochmals angeschaut werden soll, aber jetzt aufgerichtet und erhöht, d. h. bewußt. Was aber zum Tode führt, zur Abstraktion, ist das Denken. Sein Leben kann überhaupt erst dann entdeckt werden, wenn es, in einer Art Ausnahmezustand, nochmals angeschaut wird. Dann allerdings wird sich zeigen, was ihm an lebensvollen Bewegungen und Kräften zugrunde liegt.

Auch im Neuen Testament erscheint dasselbe Bild wieder. In dem Gespräch mit Nikodemus[210] spricht Christus von der zweiten, der geistigen Geburt des Menschen. Aber Nikodemus versteht nicht, wovon er spricht. So belehrt ihn Christus, daß niemand zum Himmel auffahren könne, der nicht vom Himmel stamme, und das sei »des Menschen Sohn«. »Und wie Moses in der Wüste eine Schlange erhöht hat, so muß des Menschen Sohn erhöht werden, auf daß alle, die an ihn glauben, nicht verloren werden, sondern das ewige Leben haben.«[211] Hier, wie in Griechenland, wird also auch davon gesprochen, daß der Geist vom Himmel stamme und nicht von der Erde. Aber dieser Geist wird erst dann sich wieder zum Himmel erheben, »auffahren« können, wenn er erhöht worden und angeschaut worden ist. Das mittelalterliche Christentum hat darin eine Anspielung auf die Kreuzerhöhung gesehen, auf den Tod des Menschen-Sohnes (Abb. 106). Aber durch diese Erhöhung ist ihm die Auferstehung erst möglich geworden. Würde das Denken nicht bis zum Tode geführt, wäre ein freies Eindringen in die geistige Welt der Gedanken und Welttatsachen nicht möglich. Denn den Ausnahmezustand herbeizuführen, einen Gedanken also nochmals anzuschauen, ist nur durch individuelle Anstren-

210 Joh. 3, 3 f.
211 Joh. 3, 14–15.

Abb. 106 Glasfenster aus dem Chor der Kathedrale von Saint-Dénis. Christus deutet auf die aufgerichtete eherne Schlange, zwischen deren Flügeln das Kreuz erscheint. Dieses weist durch seine grüne Farbe nicht nur auf den Tod, sondern auf das daraus entspringende Leben hin (12. Jh. n. Chr.).

gung möglich. Niemand kann uns zwingen zu denken, und auch niemand kann uns helfen beim Denken. Was wir auf diesem Wege auch an Erkenntnissen erlangen mögen, sie können nur durch eigene Initiative erworben sein. Ein Schulungsweg, der so auf der Freiheit der Persönlichkeit aufgebaut ist, ist erst seit der Zeit möglich, seit der Mensch denken gelernt hat, d. h. erst nach der klassischen griechischen Zeit. Denn nur durch Denken kann sich eine Persönlichkeit selbständig machen, sich also selbst die Selbständigkeit geben. Ob die Kraft dazu in Griechenland als eine Wirksamkeit des Apollon oder im Neuen Testament als eine Wirksamkeit des Christus erlebt wird – beide Namen weisen in diesem Zusammenhang auf dasselbe Wesen hin, (vgl. S. 210).

Das Aufblühen des Asklepioskultes in der nachklassischen Zeit Griechenlands hängt sicher mit diesen neuen Fähigkeiten der Menschen zusammen. Auch die Schlange des Asklepios (Abb. 105) windet sich um einen aufrechten Stab, wie die eherne Schlange des Moses. Aber hier ist es nicht das Inhaltliche des Denkens, das angeschaut werden soll, sondern die ein Ganzes, einen Organismus bildende Tätigkeit des Denkens. Denn die Kräfte des Denkens sind dieselben, die auch unseren Organismus bilden.[212] So spricht z. B. Erich Blechschmidt, wenn er die Entwicklung des menschlichen Embryos schildert, immer wieder davon, daß man vom Ganzen der lebendigen Gestalt ausgehen müsse, deren Äußerungen in den Bewegungsprozessen der Gestaltbildung zu beobachten seien.[213] Diese Äußerungen sind aber keine »Prozesse an sich, sondern immer Teilgeschehnisse der Individualentwicklung. Vergleicht man die Entwicklungsbewegungen in den verschiedenen Körperregionen systematisch miteinander, so findet man, daß die örtlich verschiedenen Differenzierungen unmittelbarer Ausdruck von Kräften im physikalischen Sinn … sind. Es gibt tatsächlich Gestaltungskräfte, … das ist wichtig.« Wenn es also gelingt, diese den Organismus bildenden Kräfte bewußt zu erkennen, dann kann auch heilend eingegriffen werden. In Griechenland geschah das noch »wie« im Traum, mußte aber auch schon von der eigenen Individualität erschaut werden. Selbst mußte man träumen. Kein Priester konnte einem diese »Anstrengung«, deren bewußter Teil in der langen Vorbereitung zum Traumschlaf lag, abnehmen. Heute sollten wir es bewußt erüben.

Ein anderes Bild für denselben Sachverhalt ist uns im Mythos vom Labyrinth gegeben. Denn wenn wir davon sprechen, daß ein verschlungener Gedankengang von einem »roten Faden« durchzogen wird, so leben wir in dem alten Bild. Und wenn Theseus an Hand dieses Fadens wieder rückwärts aus dem Labyrinth herausfindet und dadurch vom Tod errettet wird, so ist das wieder ein Bild dafür, den Gedankengang im Ausnahmezustand nochmals anzuschauen, um das lebendige Weben des Gedankeninhalts – die Welt der Bewegungen und Kräfte – zu entdecken. Das ist ein Flugerlebnis (der Kranichtanz), denn der feste Boden, auf den man sich stützen könnte, fehlt. Bewegungen können eben nur während des Bewegens erfaßt werden. In dem

212 Vgl. S. 161 Anm. 184.

213 E. Blechschmidt, Wie beginnt das menschliche Leben, Aschaffenburg 1976, S. 12 und S. 22.

Moment, in dem man aufhört, die Gedanken weiterzubewegen, gibt es nichts mehr zu beobachten. Sie sind nur so lange da, solange die eigene Anstrengung dauert. Dieser bewegliche Bewußtseinszustand ist anfangs nicht leicht zu erringen, weil er unseren täglichen Gewohnheiten zuwiderläuft. Wenn er aber erübt wird, erschließt sich dem Übenden eine völlig neue Welt: die Welt der Bewegungen.

Wenn das Organismen bildende Leben des Gedankens daraufhin angeschaut wird, welche Bewegungsgestalten die einzelnen Begriffe hervorbringen, so läßt sich immer eine Folge von vier grundverschiedenen Bildebewegungen finden.[214] Ihre Wirkung geht zwar fließend ineinander über, aber sie lassen sich trotzdem deutlich voneinander scheiden. Auch bei einem natürlichen Organismus, etwa einer Pflanze, sind die gleichen Bildebewegungen zu finden. Wenn man sie untersucht, muß man sich jedoch vor Augen halten, daß man sie nur scheinbar *an* den Pflanzen beobachten kann. In Wirklichkeit wird die Veränderung einer Gestalt, z. B. eines Blattes, im Denken nachvollzogen und dort auch wahrgenommen. Jochen Bockemühl, der das Wachstum einzelner Blätter und die Gestaltfolge ganzer Blattreihen sorgfältig beobachtet hat, ist zu der folgenden Charakterisierung der vier Bildebewegungen gekommen:[215]

1. Sprießen (»seine Tendenz ist, von einem Zentrum auszustrahlen«);
2. Gliedern (Ausbildung einer charakteristischen Form);
3. Spreiten (Flächenbildung, Hauptwachstum des Blattes);
4. Stielen (Festwerden des ganzen Blattes, Verholzen, Absetzen der Blatt-Form von seiner Basis durch den Stiel). Um Mißverständnisse zu vermeiden, muß allerdings nochmals betont werden, daß diese Bewegungen nicht an der Pflanze »gesehen« werden können. Diese gibt nur die Anregung, das eigene Denken und Vorstellen zu beobachten, das die einzelnen Stadien des Wachstums zusammenschaut. Erst da lassen sich die nicht in der sinnlichen Welt erscheinenden Bewegungen fassen. Was also da beobachtet wird, ist nicht das Sinnliche der Pflanzenwelt, sondern die ihr zugrundeliegende, sich ständig verändernde Gestalt. Das Denken dient wieder als Mittler zwischen der Welt der sinnlichen Wahrnehmung und der Welt des Geistes (Begriff oder Art der Pflanze).

214 Vgl. dazu F. Teichmann, Strömen und Denken, in: »die Drei«, 1974, Heft 2, S. 58–65.

215 J. Bockemühl, Die Bildebewegungen der Pflanzen, S. 107–135 in: Erscheinungsformen des Ätherischen, Stuttgart 1977.

Eine solche Mittlerstellung haben beim griechischen Tempel die Metopen. Denn dort ist der Ort, der den Darstellungen der Handlungen der Heroen vorbehalten ist, derjenigen Wesen, welche die Welt der Menschen mit der der Götter zu verbinden hatten. Die Metopen der Tholos von Epidauros zeigen ringsum immer wieder dieselbe Ornamentplatte (Fig. 25, Abb. 107). Wenn man nicht annehmen möchte, daß die künstlerische Gestaltungskraft erlahmt sei – wozu bei diesem Bau wahrlich kein Anlaß besteht –, so kann eigentlich die vielfache Wiederholung derselben Platte nur auf eine besondere Bedeutung dieses »Ornamentmotivs« schließen lassen. Schauen wir uns dieses Motiv daraufhin genau an, so ist die Überraschung groß. Denn was sich zeigt, sind die beschriebenen vier Bildebewegungen umgesetzt in ein Bild! Zuinnerst, dem Sprießen entsprechend (»von einem Zentrum ausstrahlend«), eine Kugel. In der zweiten Zone, um die Kugel herum, äußerst vielgestaltige Gliederungen. Dann die große Fläche mit den »Spreiten« der 12 Blätter und schließlich ein dicker Wulst, der das Ganze vom Grund absetzt. Der Versuch eines Archäologen,[216] auf dieser Metopenplatte ein Bild einer Opferschale zu sehen, führt deswegen nicht weiter, weil er nur von der Ähnlichkeit der Form mit einer Schale ausgeht, ohne die Stellung dieser Platte am Tempel (= Ort der Vermittlung zwischen Menschen und Göttern) zu berücksichtigen. Außerdem bleibt bei dieser Deutung auch noch die Viergliederung der Schale unerklärt. Der griechische Tempel ist immer ein fein durchkomponiertes Gebilde, an dem nichts geändert werden kann, ohne den Sinn des Ganzen zu stören. Dies gilt auch für seinen inneren Zusammenhang, der durch wohlgeordnete Gedanken erfaßt wird.

Auf den Metopen der Tholos von Epidauros kommt also künstlerisch zur Erscheinung, was zu den höchsten Geistes-Erfahrungen der Griechen gehört. Das ist die Kenntnis der Mittlertätigkeit des Denkens. Mensch und sinnliche Welt und Mensch und geistige Welt werden durch das Leben des Gedankens zur Einheit verbunden. »Die griechische Epoche der Bewußtseinsentwicklung bringt die Gedanken, aber als lebendige, im ätherischen Leib zu Bewußtsein. Wenn der Grieche dachte, so bildete er sich nicht einen Gedanken, durch den er, als mit seinem eigenen Gebilde, die Welt ansah; sondern er fühlte in sich erregt

216 G. Roux, op. cit. S. 195.

Fig. 25 Umzeichnung einer Metope von der Tholos von Epidauros.

217 R. Steiner, Anthroposophische Leitsätze, Dornach 1954, S. 79.

Leben, das auch draußen in den Dingen und Vorgängen pulsierte.«²¹⁷

Mythologisch gesprochen ist dies ein Geschenk Apollons an die Menschen, das dem Griechen als Sohn des Apollon, als Asklepios, begegnet. Seine Mittlertätigkeit zwischen der menschlichen und der heilsamen göttlichen Welt ist in dem Bau der Tholos anschaulich vor den Augen aller Menschen offenbar.

Das Denken ist, wie die Wirksamkeit des Asklepios, nicht national gebunden. Als die Römer 291 v. Chr. von einer Seuche geplagt werden, schicken sie nach Delphi und bitten Apollon um Rat:

Abb. 107  Eine Metope von der Tholos von Epidauros. Epidauros, Museum.

»Als sie nun sterbensmüde erkannten, daß irdische Mittel
Nichts mehr fruchteten, nichts die Kunst der Ärzte vermochte,
Suchen sie himmlische Hilfe und hin zu Phoebus' Orakel
Ziehen nach Delphi sie, dem Mittelpunkt des Weltalls,
Und sie flehen, es möge mit heilendem Spruche dem Elend
Steuern, um so das Leid der mächtigen Stadt zu beenden:
Und der Ort und der Lorbeer und der an ihm hängende Köcher
Bebten zugleich, und es ließ der Dreifuß aus heiliger Tiefe
Diese Stimme vernehmen als Trost für die zagenden Herzen:
›Was du, Römer, hier suchst, das hättest du näher gefunden,

Such es auch jetzt in der Nähe, doch braucht ihr Apollo nicht selber,
Um eure Trauer zu lindern, ihr braucht den Sohn des Apollo.
Reist mit glücklichen Zeichen und holt euch unseren Sprößling‹.«[219]

Sie fahren nun nach Epidauros und überführen eine Schlange des Asklepios, ein Bild des Gottes, nach Rom. Dort legen sie ihm ein Heiligtum an, auf einer Insel inmitten des Tiber. Dazu wird diese von außen so gestaltet, daß die ganze Insel das Aussehen eines riesigen Schiffes annimmt. Der Tempel (naos) des Asklepios als Schiff (navis) inmitten des strömenden Elementes – ein Wahrbild für das griechische Geisterlebnis, das sich als neue, menschlich-göttliche Fähigkeit in die Menschheit einlebt (Fig. 26).

Fig. 26 Rekonstruktion der antiken Gestalt der Tiberinsel mit dem Asklepiosheiligtum durch einen Zeichner des 16. Jahrhunderts (aus Kerényi, Der göttliche Arzt, S. 6).

Immer mehr und mehr verbreitet sich das helfende und heilende Wesen des Asklepios über die ganze antike Welt. Überall werden, von Epidauros ausgehend, neue Heiligtümer gegründet und sein Kult gepflegt. Diese menschheitliche Wirksamkeit des Asklepios mündet schließlich in das Christentum, das sich auf die Tatsache gründet, daß Gott als Mensch auf die Erde gekommen ist, um die durch den griechischen Gott vorbereitete Vermittlung zur göttlichen Welt jetzt nicht mehr von außen, sondern vom Menscheninneren aus bewußt zu ergreifen – zum Heile der Welt.

219 Ovid, Metamorphosen XV, 628 f, übersetzt von Th. v. Scheffer.

# Der Tempel als Grabarchitektur

Im letzten Kapitel wurde gezeigt, daß die Rundtempel als Gräber von Heroen angesehen werden können. Das gilt ganz allgemein für alle Tholoi, auch wenn sie keine besonderen baulichen Verbindungen zur Unterwelt haben. So ist z. B. auch das Philippeion in Olympia nur zu verstehen, wenn wir es als Heroon[220] auffassen. In seiner Cella ließ Alexander der Große von sich und seinen Vorfahren Statuen aus Gold und Elfenbein aufstellen. Durch die Wahl des kostbaren Materials, das sonst ausschließlich für Kultbilder Verwendung fand, hob er die Göttlichkeit seiner eigenen Person überaus deutlich hervor. Diese »Anmaßung«, sich schon zu Lebzeiten als göttlicher Mensch darstellen zu lassen, ist neu. Sie tritt aber nicht nur in Olympia in Erscheinung, sondern überall da, wo Alexander auftritt. Schon bald zeigen z. B. alle Münzen, die unter seiner Regierung geprägt werden, sein Bild. Und zwar nicht nur als Alexander, sondern als Heros: als Herakles im Löwenfell mit Alexanders Zügen. Die Ursache dieses Phänomens mag darin zu suchen sein, daß sich Alexander tatsächlich als Heros empfand – als Mensch, der zur göttlichen Welt Zugang hat. Als solcher aber durfte er sich berechtigterweise eine Tholos errichten lassen, denn er kennt, was die übrigen Menschen erst nach ihrem Tod erfahren.

Die enge Beziehung zum Grab und zum nachtodlichen Leben, die im Rundtempel besonders deutlich zur Erscheinung kommt, ist aber auch bei normalen Tempeln zu entdecken. Nur ist sie da verborgen, nicht gleich von außen zu finden. Das hat seine Ursache darin, daß ein Organismus als Organismus nicht sinnlich erscheint. Es sind immer nur Glieder, Organe dieser Ganzheit, die nacheinander in der Zeit oder nebeneinander im Raum erscheinen. Der Organismus selbst ist der

220 Vgl. z. B. auch die Tholos des Heros Palaimon im Poseidonheiligtum auf dem Isthmus von Korinth.

Zusammenhang dieser Glieder untereinander und mit dem Kosmos als Ganzem. Er kann nur im Denken erfahren werden. Denn nur das Denken erlaubt uns, einen solchen ganzheitlichen Begriff überhaupt fassen zu können. Das sei am Beispiel der Rose verdeutlicht, weil eine »Rose« nicht durch Sinne wahrgenommen werden kann. Ein Keim, eine blühende Pflanze, ein Hagebuttenstrauch sind jeweils nur einzelne Erscheinungsformen des ganzheitlichen Begriffs »Rose«. Er bleibt jenseits der Sinneswelt, den Zusammenhang zwischen den einzelnen Erscheinungen herstellend. Das ist gerade das Charakteristikum des Lebendigen, daß es sich ständig verändert, immer weiter entwickelt, nirgends zur Ruhe kommt. Nur der Begriff der Sache erscheint für unser Bewußtsein aus dieser Welt herausgehoben, aber er bestimmt und leitet ihre Entwicklung, und das Denken vollzieht sie nach. Schelling beschreibt das so: »Inwiefern bei jeder Entwicklung die Einerleiheit des sich entwickelnden Subjekts vorausgesetzt wird, insofern hat unstreitig ein jedes System nur Ein Subjekt, Ein Lebendiges, das sich in ihm entwickelt. Allein von dem Prinzip in diesem Sinn läßt sich eben darum nicht gleichsam ein für allemal der feste Begriff geben; denn da es in einer ständigen Bewegung, Fortschreitung, Steigerung begriffen ist, kann jeder Begriff nur für einen Moment gelten; es ist als Lebendiges in der Tat nicht Eines, sondern unendlich Vieles. Hieraus ist denn wohl zu ersehen, daß in keinem lebendigen Ganzen ... irgendwo ein Punkt sei, da man gleichsam anhalten, oder den man festmachen könnte, sondern daß schlechterdings die Entwicklung des Ganzen abgewartet werden muß, ehe der vollständige Begriff des sich entwikkelnden Subjekts gegeben werden kann. Denn dieses Subjekt ist in der Mitte und am Ende so gut wie im Anfang, und es ist nicht das, was es in diesem oder jenem Punkte der Entwicklung ist; es ist überhaupt nichts Einzelnes, sondern das Eins und Alles in dem Ganzen.«[221]

Wenn also der griechische Tempel ein Bild einer solchen Ganzheit ist, die wiederum in das Leben des ganzen Kosmos eingebunden ist, dann kann eine solche Tatsache nur durch Denken gefunden werden. Das Denken aber ist eine nichtsinnliche, griechisch gesprochen, eine nachtodliche Tätigkeit (Vgl. S. 158). Das Ergebnis dieser Tätigkeit nennen wir Gedanke, dessen Inhalt alle Einzelheiten zur Einheit zusammen-

---

[221] Fr. Schelling, Die Weltalter I, 85, München 1946, S. 47.

faßt. Diese Einheit ist aber erst jenseits der sinnlichen Welt zu finden. Wenn der Tempel auch ein Bild für den menschlichen Organismus ist (vgl. S. 94), dann kann auch dieser nur übersinnlich, d. h. jenseits der sinnlichen Welt erfahren werden. Der Grieche hat damit in seinem Tempel eine Ganzheit vor sich, die, wie die menschliche Gestalt, aus dem nachtodlichen Bereich in die Sinneswelt hereinwirkt und diese gestaltet.

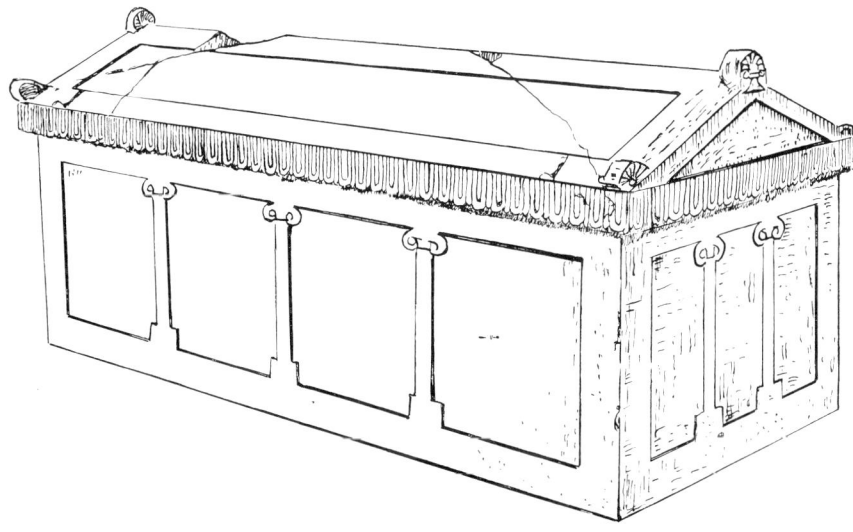

Fig. 27  Archaischer Sarkophag in Tempelform aus Samos. Vathy, Museum (aus Kleemann, Der Satrapensarkophag aus Sidon).

Aus diesem Gedankengang wird jetzt verständlich, inwiefern die Form des Tempels gerade dann benutzt werden kann, wenn es gilt, auf dieses nachtodliche Leben des Menschen hinzuweisen.
Schon seit früher Zeit gibt es Särge in Tempelform (Fig. 27).[222] Zwar werden sie von den verschiedenen Wissenschaftlern verschieden interpretiert, z. B. »als einfacher, fußloser Kasten mit ... nur einfach vertieftem, ›balkenartig‹ gerahmten Bildfeld«,[223] aber selbst die raffinierteste Interpretation kann nicht darüber hinwegtäuschen, daß diese Särge wie Tempel aussehen und auch denselben Sinngehalt tragen. Schon der Giebel genügt, um diesen Zusammenhang aufzuzeigen, denn für profane Bauten war seine Verwendung untersagt.
Die schönsten Beispiele solcher Särge finden sich im 4. Jahrhundert v. Chr. in Phönikien (Abb. 108).[224] Zwar spielen dort lokale Traditio-

222  Vgl. J. Kleemann, Der archaische Sarkophag mit Säulendekoration in Samos, in: Festschrift Matz, Mainz 1962, S. 44 f.

223  J. Kleemann, Der Satrapen-Sarkophag aus Sidon, Berlin 1958, S. 46.

224  Vgl. z. B. K. Schefold, Der Alexander-Sarkophag, Berlin 1968.

Abb. 108 Der Satrapensarkophag aus Sidon. Archäologisches Museum, Istanbul.

nen in die Gestaltung der Särge hinein, sie sind aber nachweislich von den bedeutendsten griechischen Künstlern ihrer Zeit hergestellt worden. Das Besondere an diesen Särgen ist ihre anthropoide Innenform! Was von außen wie ein griechischer Tempel aussieht, entpuppt sich von innen als Form des Menschen. Diese Tatsache, die sonst nur inschriftlich überliefert ist, hat hier ihre künstlerische Gestaltung erhalten.

Neben dem Tempel als Ganzem gibt es auch noch eine andere Möglichkeit, um auf den angestrebten Zusammenhang aufmerksam zu machen, indem man Teile von ihm »zitiert«. Da ist es vor allem der Tempelgiebel, der immer und immer wieder in einer Beziehung zum Grab gesehen wird. Sei es, indem er die Grabstelen bekrönt, indem er auf den Lekythen erscheint oder indem er einen tempelähnlichen Bau

Abb. 109 Grabrelief der Mnesarete, aus Attika, um 380 v. Chr. Die Verstorbene und ein zu ihr herantretendes Mädchen erscheinen vor einem Naiskos, einem kleinen Tempelchen, das von einem Giebel mit Palmettenakroteren gekrönt wird. München, Glyptothek.

abschließt, der als Rahmen von Grabstatuen oder Grabreliefs dient (Abb. 109).

Ein weiteres solches Motiv stellen auch die pflanzlichen Akrotere dar. Wie schon bei der Tholos erwähnt (vgl. S. 173), genügte ursprünglich ein solches reines Pflanzengebilde als Grabschmuck. Seit der klassischen Zeit erscheint bei den pflanzenhaften Akroteren auch immer mehr und mehr das Akanthusmotiv, das ja schon allein auf den übersinnlichen Lebensbereich hinweist.

Schließlich kann in dem hier interessierenden Zusammenhang auch noch auf die Entstehung der Ringhalle als solcher hingewiesen werden. Denn sie scheint sich ursprünglich aus den Baldachinen entwickelt zu haben, die über Heroengräbern errichtet wurden.[225] Ihre allseitige Offenheit in die Umgebung hinein entspricht ja auch der Auflösung des Lebensleibes nach dem Tod, wo die Seele in den Kosmos hinein entschwindet.

Damit können wir den Tempel auch als ein Bild für das Leben der Seele ansehen. Denn dieses aus dem Kosmos stammende Wesen verkörpert sich hier auf der Erde, hat sinnliche Erlebnisse, aber kann sich auch wieder aus dieser Sphäre aufschwingen zum Himmel. Platon spricht diesen Gedanken in Form eines Bildes folgendermaßen aus:[226] »Alles was die Seele ist, durchzieht den ganzen Himmelsraum, bald in dieser, bald in jener Gestalt. Ist sie nun vollkommen und befiedert, so schwebt sie in der Höhe und durchwaltet die ganze Welt. Hat sie aber die Federn verloren, so schwebt sie umher, bis sie auf etwas Festes stößt, wo sie seßhaft wird und einen erdigen Leib annimmt, der sich selbst zu bewegen scheint, dank der ihr eigenen Kraft; und dieses Ganze, Seele und Leib zusammengefügt, wurde ›Lebewesen‹ genannt und bekam den Beinamen ›sterblich‹.« Wenn die Seele nun ihre Federn verloren hat, so kann sie, indem sie sich durch die Vernunft dem Göttlichen hingibt – d. h. dem Weisen, dem Schönen und dem Guten – sich wieder Flügel wachsen lassen und in den Himmel aufsteigen. Dort erkennt sie das Seiende, wie die unsterblichen Götter: »Da sich nun der Geist eines Gottes von unvermischtem Verstand und Wissen nährt, und ebenso eine jede Seele, die gern das aufnehmen möchte, was ihr zukommt, so freut sie sich, im Laufe der Zeit das Seiende zu schauen, und nährt sich

225 H. Drerup, Zur Entstehung der griechischen Tempel-Ringhalle, in: Festschrift Matz, Mainz 1962, S. 32.

226 Platon, Phaidros 26 (=246 b ff), übersetzt von R. Rufener.

vom Anblick des Wahren und labt sich daran ...«[227] Dieses Bild knüpft an das Erlebnis des Denkens an, das ja die Einzelheiten durch seine Tätigkeit nacheinander zur Einheit, zu einem Gedanken, zur Idee der Sache zusammenfaßt. »Denn der Mensch muß gemäß dem, was man Idee nennt, Einsicht gewinnen, indem er von den zahlreichen Wahrnehmungen zu dem kommt, das durch die Überlegung zu einer Einheit zusammengefaßt wird. Das aber ist nichts anderes als die Wiedererinnerung an das, was unsere Seele einst gesehen hat, als sie gemeinsam mit dem Gott dahinfuhr, als sie auf das herabsah, von dem wir nun sagen, daß es *sei*, und als sie ihren Blick zu dem wahrhaft Seienden emporhob. Deshalb ist es auch gerecht, daß einzig das Denken des Philosophen beflügelt wird; denn mit seiner Erinnerung ist er stets nach Kräften bei jenen Dingen, dank denen ein Gott eben göttlich ist, dadurch, daß er sich mit ihnen beschäftigt.«[228] Eine Seele, die sich schon zu Lebzeiten durch Philosophie bemüht hat, das göttliche Reich, in dem sie vor ihrer Verkörperung lebte, wiederzuerinnern und bewußt zu machen, hat auch durch ihren Tod nichts zu fürchten. Sie schwingt sich in dieselbe Sphäre auf, aus der sie ursprünglich stammt und kehrt unbefleckt wieder zur gleichen geistigen Höhe zurück.[229]

Der Tempel ist also nicht nur die Wohnung, der Lebensmittelpunkt eines Gottes, der eigentlich im ganzen Kosmos lebt, sondern auch ein Bild für das Seelenleben des Menschen, das sich ebenso im ganzen Kosmos abspielt. Denn wenn wir wirklich beobachteten, wo unser Bewußtseinsleben verläuft, so würden wir es wohl kaum im Kopf lokalisieren. Bewußtseinsmäßig sind wir immer da, wo auch die Dinge in unserer Umwelt sind. Dieses Seelenleben ist aber unsichtbar für die normalen Sinnesorgane, nur spürbar von innen. Jeder Mensch kann in seine eigene Innenwelt »hineinblicken«. Würde er sie stofflich wahrnehmen, so fände er sie im ganzen Kosmos ausgebreitet. Der frühe Grieche empfindet nun sein Seelenleben tatsächlich im Kosmos webend, er hat noch ein Gespür für das, was wir heute nicht mehr bemerken. Goethe dachte, von dem heutigen Erlebnis ausgehend, »was der Mensch als Gott verehrt, das ist sein Inneres herausgekehrt«.[230] Historisch aber ist es genau umgekehrt gewesen, und Bruno Snell hat recht, wenn er Goethe entgegnet: »Das Innere des Menschen

227 op. cit. 27 (=248 a).

228 op. cit. 29 (=249 b).

229 Vgl. op. cit. 37 (=256 a).

230 Goethe im Gespräch mit Riemer (Biedermann 1601).

ist das Göttliche in den Menschen hereingenommen.«²³¹ Was früher als Götterwirken im Kosmos lebte, ist jetzt Seelenwirken im Menscheninnern. Wenn wir dann dieses Menscheninnere genauer beobachten, so finden wir es im Kosmos tätig.

Aus diesem Zusammenhang, der zwischen der menschlichen Seele und den griechischen Göttern besteht, können wir nun auch die doppelte Beziehung des griechischen Tempels, sowohl zur Welt der Götter als auch zum lebendigen Wirken der menschlichen Seele begreifen. Rudolf Steiner hat auf dieses Verhältnis 1921 in einem Vortrag²³² hingewiesen: »Für denjenigen, der die innere Formung des Tempels wirklich verstehen will, für den ist notwendig, daß man den Tempel, so wie er als griechischer Tempel auftritt, als Umformung ursprünglicher Grabgewölbe, Grabgebäude anzusehen hat. Es läßt sich der griechische Tempel nicht anders verstehen, als daß man in ihm eine Metamorphose eines Grabgebäudes sehen muß. Nun aber führt das zurück in Zeiten, in denen die Seele des Verstorbenen in der Nähe des begrabenen Leichnams gesucht worden ist. Der Seele, die noch da sein sollte, wurde der Bau eigentlich in seinen Formen aufgerichtet; daraufhin wurde der Bau gedacht. Dann ging die Entwicklung über vom Ahnenkultus zum Götterkultus; und der Götterkultus in den älteren Religionen ist nichts anderes als ein metamorphosierter Ahnenkultus. . . . Und wie man das Walten des Seelisch-Geistigen bei den Göttern anschaute, war es auch eine Umformung desjenigen, wie man das Walten der Seele nach dem Tode bei den verstorbenen Menschen ansah. Da ergab sich in bezug auf diese Anschauungsformen durchaus etwas innerlich eng Zusammenhängendes.« Nur wurde das »Walten der Seele« in klassischer Zeit so erlebt, daß es nicht erst nach dem Tode geschieht, sondern schon zu Lebzeiten, wenn der Mensch denkt. Denn im Denken sind wir mitten im Leben schon im Tode (›media vita in morte sumus‹²³³), aber »ohne daß die anderen es merken«.

Hiermit schließen sich die verschiedenen Bedeutungen des griechischen Tempels zusammen. Bisher sind sie zwar in diesem Buche als einzelne Aspekte für sich gesondert betrachtet worden, aber man sollte doch im Bewußtsein haben, daß sie zusammengehören. Wir sind ausgegangen vom Tempel als Wohnung des Gottes, wobei wir berück-

---

231 B. Snell, Die Entdeckung des Geistes, Göttingen 1975, S. 36.

232 Vortrag vom 29. 7. 1921.

233 = Anfang des Antiphons über den Tod von Notker dem Stammler († 912).

sichtigen mußten, daß der Gott im Kosmos wohnt und nur sein Spiegelzentrum, seine Statue, im Innern der Cella hat. So gesehen ist der Tempel nur dazu da, dies den Menschen bewußtzumachen. Der Kult wendet sich direkt an den in der Umwelt lebenden Gott. Wäre aber kein solches Zentrum vorhanden, hätte der Mensch auch kein Bewußtsein davon. Der Bau ist nur das Instrument, durch das die sonst unbewußte göttliche Tätigkeit aufleuchtet und anschaubar wird. Diese Bedeutung des griechischen Tempels muß ergänzt werden durch die Kenntnis der Tatsache, daß der Grieche in seiner Seele die Wirkung der Götter erlebte. Und zwar war dies vornehmlich ein Erlebnis der frühen Zeiten. Es entschwand allmählich, aber dafür tauchte seit dem Ende des 5. Jahrhunderts das Gefühl für die Eigenwesenheit der Seele auf. Wo früher göttliche Wirksamkeiten erfahren wurden, treten jetzt eigene Fähigkeiten auf. Insofern kann der Tempel auch ein lebendiges Bild dieser eigenen Seelentätigkeiten des Menschen sein. Da diese Seelentätigkeiten aber nicht frei im Raum schweben, sondern sich an einem lebendigen Organismus äußern,[234] kann der Tempel auch als ein solcher gebauter Organismus angeschaut werden. Was ein Organismus ist, kann nur durch Denken gefunden werden. Denn das wahre Denken führt immer zu Gedanken, die das Endergebnis des ganzen Denkvorgangs zusammenfassen. In diesem Ergebnis leben aber sämtliche Einzelglieder des durchschrittenen Weges weiter. Insofern kann im Tempel auch ein Bild dieser denkenden Tätigkeit der Seele gesehen werden. Diese Tätigkeit ist keine leibliche. Der Mensch, der sie ausübt, befindet sich, ohne daß er es merkt, schon in einem übersinnlichen Bereich, der sonst erst nach dem Tode betreten wird. Wenn daher der Tempel als Bild für den Prozeß des Sterbens und Auferstehens eintreten kann, so ist das wiederum nur folgerichtig.

Alle diese Aspekte des griechischen Tempels sind nur durch das Denken auffindbar. Es ist die Tätigkeit, die den Zusammenhang vermittelt und die Einzelheiten zur Ganzheit zusammenführt. Der frühe Grieche empfand dieses Tätigsein als Wirkung Apollons in ihm oder, wenn er sich ihrer bewußt wurde, als Wirkung des Sohnes Apollons. Der Grieche der klassischen Zeit dagegen sah das Denken als seine eigene Tätigkeit an. Aber er war sich doch immer bewußt, daß Apollon es war, der

[234] Interessant ist in diesem Zusammenhang, daß Rudolf Steiner in seiner Farbenlehre das Pfirsichblüt als ›lebendiges Bild des Seelischen‹ beschreibt. Er rechnet es mit Weiß, Schwarz und Grün zu den ›Schattenfarben‹! Obwohl eine solche Aussage nur aus dem Zusammenhang heraus verständlich werden kann, in dem sie behandelt wird, sei sie hier doch für diejenigen erwähnt, die sich damit auseinandergesetzt haben. Vgl. den Vortrag v. 20. 5. 1923 in GA 276, S. 133.

diese Fähigkeit in die Welt gebracht und den Menschen gelehrt habe. Dadurch wurde Apollon der große Wohltäter der Menschen. Denn indem sie ihm folgten und sich bemühten, das Denken zu üben, konnten sie nicht nur zu den Zusammenhängen der Welt, zur Wahrheit der Welt, vorstoßen, sondern sich auch selbst zur selbständigen Person, zur Individualität ausbilden. Das Licht, das ihnen auf diesem Weg leuchtet, ist die Kraft des Denkens. Wenn also Apollon mit dem Licht der Sonne identifiziert wird, das über die ganze Menschheit hinstrahlt, so spricht sich im Bild aus, was jeder einzelne spürt.

# Apollon

Delphi ist das Zentrum der Wirksamkeit Apollons.[245] Von hier gehen alle die Impulse aus, die den Charakter der griechischen Kultur wesentlich bestimmen. Das Hauptmotiv dieser Wirksamkeit ist die Anregung zu selbständigem Denken und Handeln. Immer wieder wird der Mensch dazu angeleitet, das Denken zu einem höheren Organ auszubilden, dem sich die Wahrheit der göttlich-geistigen Welt erschließen kann und durch dessen Ausbildung der Mensch zu einem unsterblichen Wesen wird.[246]

Der Gott, der in all diesen Anregungen und Impulsen als wirksam erlebt wird, ist Apollon. Sein Wesen ist mit den Eigenschaften des Denkens ganz intim verbunden. Diese von den Griechen deutlich gespürte Verwandtschaft hat ihre Ursache darin, daß im Laufe der griechischen Kulturentwicklung ein Umschwung im Seelenleben der Menschen eingetreten ist.[247] Was ursprünglich als ganz bestimmte Wirksamkeit eines Gottes erlebt wurde, wird später als inneres Erlebnis des Menschen empfunden. Damit entschwindet allmählich das Wissen von der Welt der Götter, und das eigene Seelenleben tritt in den Vordergrund. Dieser Umschwung macht es uns möglich, aus den uns heute zugänglichen Beobachtungen seelischer Fähigkeiten wieder rückwärts das Wesen eines Gottes zu erschließen. So werden sich z. B. aus der genauen Beobachtung des Denkvorganges die charakteristischen Eigenschaften des Gottes Apollon ergeben. Diesen Weg wollen wir hier zu gehen versuchen und damit aufzeigen, daß ein solcher Ansatz fruchtbar sein kann.

Beginnen wir mit dem Äußeren des menschlichen Denkens, seinem »Ort«, an dem es bewußt wird, dem Haupt. Es ist derjenige Teil des

*»Die Sache, die jetzt christliche Religion genannt wird, hat es bereits bei den Alten gegeben, ja sie fehlte seit dem Beginn des menschlichen Geschlechtes nicht, bis Christus selbst im Fleische erschien. Von da an begann die wahre Religion, die es schon gab, die christliche genannt zu werden.«*

Augustinus (Retractationes, I, 13, 3)

245 Vgl. S. 103.
246 Vgl. S. 127.
247 Vgl. S. 20.

Menschen, der am wenigsten lebt, sich kaum regeneriert, die kürzeste Überlebenszeit hat, wenn ihm die Blutzufuhr abgeschnitten wird, alle Stoffwechselprozesse auf ein Minimum reduziert hat, die meisten Knochen enthält und äußerlich fast unbeweglich ist. Dagegen sind in ihm alle diejenigen Organe zentriert, die das Bewußtseinsleben des Menschen ermöglichen: die Sinne und das Gehirn. Diesem »menschlichen« Ort entspricht nun auch die Lage des Apollonheiligtums: »Jeder Blick von der Höhe, die steilen Zacken, die hohen Berge ... sind deine Liebe.«[248] Es ist eine Landschaft, die felsig und steinig ist[249] (kranaós = felsig, schädelig). In ihr kann kaum Landwirtschaft betrieben werden. Die von Apollon aus Kreta herbeigeführten ersten Priester Delphis fragen ihn auch voll Schrecken, wie sie nun leben sollen: »Dieses Land will keiner, es trägt nicht Ernten, nicht Wiesen, daß man gut davon lebe, zugleich aber helfe den Menschen.«[250] Sie erhalten die Antwort, daß sie sich ausreichend von dem werden ernähren können, was die Menschen an Opfergaben darbringen werden, das heißt, sie sollen von dem leben, was andernorts an Überschuß produziert worden ist. Denn ihre Aufgabe bestehe nur darin, den Menschen zu raten und sie die »Musenkunst« zu lehren. Um das durchführen zu können, müssen sie von allen äußeren Mühen befreit werden. Die Pflege der Geisteskultur hängt eben von den Erträgnissen ab, die die Menschen von ihren wirtschaftlichen Unternehmungen erübrigen können.

Um sich entfalten zu können, braucht das Denken ein gewisses Maß an äußerer Ruhe. Dem entspricht die meist einsame Lage der heiligen Orte Apollons, die oft stundenweit von jeglicher Siedlung entfernt sind. Andererseits ist ein solches Heiligtum ein Quellort der Kultur, von dem die Ströme lebendigen Lebens ausgehen. Und wieder: zu einem Temenos Apollons gehört immer die dort entspringende Quelle. Wenn sich ein Mensch dem wahrhaften Denken zuwendet, so reinigt sich seine Seele von den ihr anhaftenden Meinungen, Trieben und Begierden, die ohne eigenes Zutun, nur durch ihren Fall in die irdische Natur, zwangsläufig aufgetreten sind. Wahre Tugend ist dann das Ergebnis dieser Reinigung.[251] Im Bilde wird dieser eigentlich innere Vorgang dadurch deutlich gemacht, daß sich die Pilger im Wasser der heiligen Quelle reinigen. Sogar Apollon mußte, als er Delphi zu

---

248 Homerischer Hymnus an Apollon, 144/5.
249 op. cit. 16.
250 op. cit. 529.
251 Vgl. S. 126.

seinem Heiligtum erkor, zuerst den dort hausenden Drachen töten und den Ort damit von dem unreinen Ungeheuer befreien:

»Nah aber floß eine schöne Quelle; dort tötet die Drachin
Mit einem Schuß vom kraftvollen Bogen der Herrscher,
des Zeus Sohn,
Jenes Untier, feist und wild und riesig, das vieles Übel den Menschen
auf Erden brachte,
... es war ein blutiges Unheil.«[252]

Die Heiligtümer, die Apollon zu eigen sind, sind fast alle nur mit Mühe zu erreichen. Stundenlange Aufstiege und lange Wege sind zu überwinden, ehe die Höhe erreicht wird, auf der sich Apollon offenbaren kann. Dabei hat der zu ihm Hinstrebende das Ziel keineswegs von Anfang an vor Augen. – Welch ein Unterschied zu Athena! Dieser Unterschied, der in den Landschaften zu beobachten ist, ist auch in den ihnen entsprechenden Seelentätigkeiten zu finden. Man braucht nur die Aufmerksamkeit darauf zu wenden, wie leicht die fast natürlich auftretende Intellektualität zu erwerben ist (und wozu man sie gebrauchen kann), und wie schwer ein Denken zu erringen ist, das nach der Wahrheit strebt.

Jeder moderne Mensch, der über die Fähigkeit des Denkens verfügt, empfindet sich als selbständige Person, deren Wesen von der übrigen Welt vollständig getrennt ist. Ein Mensch, der nicht denken könnte und also auch nicht fragen würde, etwa ein Mensch im Anbruch des griechischen Zeitalters, empfände sich noch durchaus eng verbunden mit der Welt und den in ihr wirksamen Göttern und dadurch zugehörig zur großen Einheit des ganzen Kosmos. Wer keine Fragen stellt, stellt sich auch nicht der Welt gegenüber. Der Gegensatz zwischen *Ich* und *Welt* kommt eben dadurch zustande, daß man durch das ständige Fragen bemerkt, daß man nicht mehr in dem natürlichen Zusammenhang darinnen lebt. Einerseits trennt einen also das Denken von der Welt, aber andererseits verbindet es einen auch wieder mit ihr. Denn durch die Beantwortung der Fragen, die man durch das Denken gewinnt, macht man den Weltinhalt zum Gedankeninhalt seines eigenen Wesens und schließt sich wieder in den Zusammenhang ein, aus dem man sich

252 Homerischer Hymnus an Apollon 300 ff.

vorher gelöst hat. Diese merkwürdige Doppelnatur des Denkens gehört zu seinem Wesen: Es trennt und verbindet unser eigenes Menschsein und den Inhalt der Welt.

Warum erscheint dem Menschen das Denken in diesem doppelten Aspekt? Wohl nur deshalb, weil er den Vorgang der Erkenntnisbildung nicht durchschaut. Gelänge es nämlich, diesen Vorgang genau zu beobachten, dann würde er erleben, welche Art von Tätigkeit und welche Wesenseigentümlichkeiten das Denken eigentlich auszeichnen. Um diesen Vorgang nun näher in den Blick zu rücken, ist es am einfachsten, wenn man sich vergegenwärtigt, was ein im Erwachsenenalter operierter Blindgeborener »sieht«, nachdem er operiert worden ist. Das für uns überraschende Ergebnis vieler untersuchter Fälle: Zunächst sieht der Blindgeborene nur ein gänzlich zusammenhangloses Konglomerat von Farben und Farbschattierungen, ohne irgendeinen Gegenstand erkennen zu können, auch wenn ihm dieser vom Tasten her wohlbekannt ist.[253] Es ist ihm nicht einmal möglich, einen Würfel von einer Kugel zu unterscheiden. Woran liegt das? Weil erst das Denken die Formen der Gegenstände im Zusammenhang erfassen muß, um dadurch die den Gegenständen entsprechenden Begriffe finden und sie mit den Beobachtungen verknüpfen zu können. Das aber muß geübt werden. Die Welt, die ich sehe, wird erst dann zu einer gegenständlichen Welt, wenn ich, mit Hilfe des Denkens, die ihr entsprechenden Begriffe hinzugefügt habe. Der Erkenntnisvorgang besteht also eigentlich aus zwei Elementen, die im Erkenntnisakt durch das Denken zur Einheit verbunden werden: aus Wahrnehmung und Begriff. Beide Elemente unterscheiden sich grundlegend voneinander. Unterliegen die Wahrnehmungen den Kategorien von Raum und Zeit, so bleiben die Begriffe davon völlig unberührt, befinden sich weder an einem Ort, noch in einer bestimmbaren Zeit. Unterliegen die Einzelheiten der Wahrnehmung (Formen und Farben) der zeitlichen Veränderung, die man, ebenso wie das Nebeneinander im Raum, nur nacheinander seinem Bewußtsein einprägen kann, so stehen die Begriffe immer in einem Zusammenhang, der gleichzeitig mit aufleuchtet und mitgedacht wird. Man kann sich ja einmal klarmachen, wie viele Begriffe den Begriff des Wassers mitenthalten: See, Meer, Schiff,

253 M. von Senden, Raum und Gestaltauffassung bei operierten Blindgeborenen, Leipzig 1932, S. 91 ff.

Fisch, Fluß, Ufer, schwimmen, tauchen, waschen usw., usw. Kein Begriff kann als Einzelheit gedacht werden – man kommt sogar notwendigerweise dazu, die Einheit der in sich zusammenhängenden Begriffswelt zu entdecken.

Der Unterschied der Eigenschaften von Wahrnehmung und Begriff wird besonders dann deutlich, wenn man sich ein einzelnes Beispiel vergegenwärtigt, etwa eine Rose. Hier ist es ganz deutlich, daß die ganze Entwicklung der Pflanze vom ersten Keimblatt über die blühende Pflanze zum Hagebuttenstrauch in dem Begriff der Rose enthalten ist. Der Begriff ist also überhaupt nichts einzelnes, sondern in ihm sind alle einzelnen Wahrnehmungen aufgenommen im Ganzen. Diese Einheit des Ganzen liegt jenseits der Welt der Zeit, denn alles Nacheinander ist aufgenommen in den Begriff, in die zeitlose Welt der Ewigkeit.

Diese Beobachtungen am Erkenntnisprozeß sind auch von den Griechen deutlich beschrieben worden. So unterscheidet Platon das Sichtbare (die Wahrnehmung) vom Einsehbaren (den Ideen).[254] Aber außerdem ist noch ein drittes Element notwendig: »Wenn wir in unseren Augen auch Sehkraft haben und sie anwenden wollen, und wenn an den sichtbaren Dingen auch Farbe ist, so weißt du doch, daß das Gesicht nichts sieht und die Farben unsichtbar bleiben, wenn nicht noch ein Drittes dazukommt, das eigens dafür geschaffen ist.«[255] Dieses Dritte ist das Licht, bzw. dessen Ursprungswesen, der Sonnengott. Im Verlauf des Dialogs wird dann weiter umständlich ausgeführt, daß dieses dritte Element in der Seele des Menschen in zweifacher Weise auftreten kann, als Verstand und als Vernunft. Wobei sich die Vernunft um die wahre Erkenntnis und um das Ganze bemüht, die Tätigkeit des Verstandesdenkens sich jedoch mit den »Gegenständen der Wahrnehmung« zufriedengibt, »die das einsichtige Denken nicht zur Nachprüfung herausfordern«.[256] Dieselbe Beobachtung kann auch in ein Bild gekleidet werden. Denn im Mythos wird erzählt, daß sich die zwei Adler des Zeus, die von den beiden Weltenden aus losflogen, in Delphi getroffen hätten. Da, in der Mitte der Welt, hat Apollon sein Heiligtum begründet. Es ist der Ort, wo die Bewegung von der Wahrnehmungsseite her mit der Bewegung von der Begriffsseite her zusammenkommt.

254 Platon, Politeia 507 b ff.
255 op. cit. 507 c ff.
256 op. cit. 523 b und ff.

In viel tieferer Weise wird das, was wir am Vorgang des Erkennens beobachtet haben, in den Mythen von Apollon und Dionysos verdeutlicht. So erzählt Plutarch, der lange Zeit seines Lebens Priester in Delphi war, ausführlich von diesem Wissen: »Wenn nun jemand fragt, was das mit Apollon zu tun hat, so werden wir antworten: nicht nur mit ihm, sondern auch mit Dionysos, der an Delphi nicht weniger Anteil hat als Apollon. Hören wir doch die Theologen teils in Versen, teils in ungebundener Rede sagen und singen, daß der Gott zwar seinem Wesen nach unvergänglich und ewig ist, aber zufolge eines Weltgesetzes sich Wandlungen seines Wollens und Denkens unterzieht, bald die Natur zu Feuer entflammt und alles allem gleichmacht, bald zu einem Vielfältigen wird in verschiedenartigen Gestaltungen, Vorgängen und Kräften ... und dann mit dem bekanntesten Namen ›Welt‹ genannt wird. Um dies vor der Menge geheim zu halten, nennen die Weiseren die Verwandlung in Feuer *Apollon* wegen des Einsseins[257], und Phoibos wegen der Reinheit und Unbefleckheit; wenn er sich aber in Winde und Wasser, Erde und Gestirne und die Geschlechter von Pflanzen und Tieren verwandelt und umgestaltend zerlegt, so stellen sie dieses Geschehen, diese Veränderung in verhüllender Andeutung als Zerreißung und Zergliederung dar, geben ihm den Namen Dionysos ... und indem sie von Untergang und Vernichtung und danach Wiederaufleben und Wiedergeburt erzählen, tragen sie hintergründige Mythen vor, die den besagten Verwandlungen angepaßt sind.«[258]

Derselbe Zusammenhang konnte allen Griechen offenbar werden, wenn sie den Tempel Apollons in Delphi betrachteten: In seinem Ostgiebel war der von den Musen umgebene Apollon dargestellt, im Westgiebel dagegen Dionysos inmitten seiner Thyaden. In der Cella des Tempels wurde sogar das Grab des Dionysos gezeigt, das sich dicht neben dem Dreifuß Apollons befunden haben soll.[259]

Die Verbindung von Wahrnehmung und Begriff, von Dionysos und Apollon, wird durch das Denken vollzogen. Diese Tätigkeit ist aber nur dadurch möglich, daß beide Aspekte innerlich zusammengehören. Sie sind nur zwei Seiten ein und desselben Wesens, zu dem uns das Denken den Zugang vermitteln kann. Dieser Zugang geschieht nicht

257 Plutarch deutet hier den Namen Apollon, als ob er sich von der Verneinung a = un und polly = viel herleiten würde.

258 Plutarch, Über das E in Delphi, 9, übersetzt von K. Ziegler.

259 Siehe G. Roux, Delphi, München 1971. S. 124, und K. Kerényi, Dionysos, München 1976, S. 187.

von selbst. Wir müssen es wollen, müssen uns anstrengen, um eine Erkenntnis zu gewinnen. Darin liegt das Moment der Freiheit beschlossen. Denn durch das Denken verbinden wir uns mit dem Zusammenhang der Welt, der uns innerlich aufleuchtet, aber nur, wenn wir uns frei dazu entschließen. Auf zweifache Art kann diese Verbindung zur Welt hergestellt werden: entweder indem wir uns durch Beobachtung von den Dingen der Welt Kunde zukommen lassen oder indem wir uns darüber hinausgehend darum bemühen, etwas von den Gesetzen der Welt zu entdecken. Diese sind nur zu gewinnen, wenn das Denken die begrifflichen Zusammenhänge zu fassen versucht. So verbindet sich der Mensch fortwährend in dieser doppelten Art und Weise mit der Welt.

Aus dieser Tatsache ergibt sich, daß der Mensch zwei Seiten in seinem Wesen hat: durch seine Leibessinne kann er sich der sinnlichen Welt zuwenden, durch sein Denken kann er sich der Welt der Ideen und Begriffe hingeben. Die Sinneswelt erscheint ihm ohne sein Zutun gegeben, die geistige Seite muß er sich selbst erarbeiten.

In der griechischen Mythologie wird die irdische Welt durch ein Gewässer von der göttlich-geistigen Welt getrennt. Das Wasser dieses Stromes hat die Eigenschaft, daß derjenige, der daraus trinkt, alles vergißt. Ehe nun die Seelen auf die Erde kommen, um sich hier als Mensch zu verkörpern, müssen sie alle von diesem Lethe-Trank, von diesem Wasser des Vergessens, trinken.[260] Dadurch verlieren sie ihre Erinnerung an die göttlich-geistige Welt. Strebt nun aber der Mensch, solange er hier ist, nach der Wahrheit, wozu ihn ja Apollon anleitet,[261] dann »befreundet« er sich, wie Platon sagt, mit der Götterwelt und erinnert sich wieder an den Bereich, in welchem er vor seiner Geburt lebte. Wahrheit heißt auf Griechisch »A-letheia«, was als »Unvergessenheit« oder als »Unverborgenheit« übersetzt werden kann. Wer sich also auch nur einen wahren Begriff, eine wahre Idee erarbeitet hat, hat sich, wenn auch erst anfänglich, so doch einen eigenen Zugang zum Jenseits und den dort lebenden Göttern geschaffen. Das Denken, das sich zur Wahrheit wendet, mündet also letztlich in die Erkenntnis einer göttlichen Welt. Deswegen konnte der Grieche der Aufforderung Apollons zur Selbsterkenntnis auch nur antworten: »Du bist«: »Denn

---

260 Vgl. z. B. Platon, Politeia, Ende des 10. Buches.

261 Vgl. s. 195.

der Gott ruft jedem von uns, die wir hierherkommen (d. h. nach Delphi) gleichsam als Gruß das ›Erkenne dich selbst!‹ entgegen, ... und wir wiederum sprechen, dem Gott antwortend, ›Du bist!‹ womit wir ihm das wahre, nicht irrende, ihm allein zukommende Prädikat, das des Seins, als Anrede widmen. Denn wir haben in Wahrheit am Sein gar keinen Anteil, sondern jede sterbliche Natur befindet sich inmitten zwischen Entstehen und Vergehen und bietet nur ein Trugbild..., und wenn du deinen Verstand anstrengst mit dem Willen, sie zu erfassen, so erreichst du doch nichts, sondern wie ein festes Fassenwollen von Wasser durch das Drücken und Zusammenzwingen in eins es zum Zerrinnen bringt und das Zusammengenommene verliert, so verirrt sich das Denken, wenn es einer ganz klaren Erfassung der dem Erleiden und der Veränderung unterworfenen Dinge nachjagt, bald in ihr Entstehen, bald in ihr Zunichtewerden, und vermag nichts Bleibendes und wahrhaft Seiendes zu erfassen... Daher gelangt auch der sterblichen Wesen Werden gar nicht zum Sein, weil das Entstehen niemals aufhört noch zum Stehen kommt, sondern unter ständigem Wandel aus dem Samen den Embryo schafft, dann den Säugling, dann das Kind, anschließend den Knaben, den Jüngling, dann den Mann, den alten Mann, den Greis, wobei immer die ersten Bildungen und Lebensalter durch die darauf folgenden vernichtet werden.... Was ist nun das wahrhaft Seiende? Das Ewige, Ungewordene, Unzerstörbare, über das keine Zeit eine Veränderung bringt... Der Gott hat das Sein, muß man sagen, und er ist nicht in irgendeiner Zeit, sondern in der Ewigkeit, der unbeweglichen, zeitlosen, unveränderlichen, angesichts deren es nichts Früheres noch Späteres, nichts Bevorstehendes noch Vergangenes, nichts Älteres noch Jüngeres gibt, sondern sie ist nur eine, und mit ihrem Jetzt, das Eines ist, hat sie das Immerdar erfüllt; und allein was in diesem Sinne ist, ist wahrhaft seiend, etwas, das nicht geworden ist, nicht sein wird, nicht angefangen hat, nicht enden wird. So also müssen wir es verehrungsvoll begrüßen und anreden: ›Du bist!‹ Denn das Göttliche ist nicht eine Vielheit.«[262] dieses Erlebnis ist kein historisches, sondern kann jedem deutlich werden, der den Denkprozeß kennt: »Jeder Mensch umspannt mit seinem Denken nur einen Teil der gesamten Ideenwelt, und insofern unterscheiden sich die Indivi-

[262] Plutarch, Über das E in Delphi, 17 ff.

duen auch durch den tatsächlichen Inhalt ihres Denkens. Aber diese Inhalte sind in einem in sich geschlossenen Ganzen, das die Denkinhalte aller Menschen umfaßt. Das gemeinsame Urwesen, das alle Menschen durchdringt, ergreift somit der Mensch in seinem Denken. Das mit dem Gedankeninhalt erfüllte Leben in der Wirklichkeit ist zugleich das Leben in Gott.«[263]

Die tätige Erarbeitung der Begriffe und Ideen »befreundet« den Menschen mit den Göttern. Er wird ihnen ähnlich und gewinnt Zugang zu ihrer Welt. Diese Übung ist immer ein lebendiger Prozeß, der nie zur Ruhe kommen kann. Man denke sich zum Beispiel eine Pflanze, deren lebendiges Wachsen man verfolgen muß, um den ihr entsprechenden Begriff zu finden. Man muß innerlich mitvollziehen, wie sie die Samenkapsel sprengt, wie sie ihren Stengel nach oben streckt, ihre Blätter entbreitet und schließlich die Blüte dem Sonnenlicht öffnet. Ein durch solche mitvollzogenen Bewegungen erbildeter Begriff ist selbst lebendig und innerlich aktiv. Allerdings tritt dieses Erlebnis nicht in unserem Alltagsbewußtsein auf, sondern erst dann, wenn wir wirklich den Vorgang des Denkens beobachten. »Wer das Denken beobachtet, lebt während der Beobachtung unmittelbar in einem geistigen, sich selbst tragenden Wesensweben darinnen. Ja, man kann sagen, wer die Wesenheit des Geistigen in der Gestalt, in der sie sich dem Menschen zunächst darbietet, erfassen will, kann dies in dem auf sich selbst beruhenden Denken.«[264] Eine solche Übung führt weit über das hinaus, was heute von den Weltinhalten gewußt wird. Denn sie öffnet dem forschenden Bewußtsein eine Welt, die dem rein äußeren Beobachten unzugänglich ist, weil sie überhaupt nur durch innere, aber deswegen nicht weniger exakte Beobachtung erkannt werden kann. Diese neue Möglichkeit der Erweiterung unseres Bewußtseins verdanken wir dem Denken – Apollon! Wenn wir die Denktätigkeit beobachten, sehen wir immer eine bewegte Gestalt entstehen, die dem Begriffsinhalt entspricht. Ist der Vorgang abgeschlossen, gibt es am Denken nichts mehr zu entdecken. Dieser Prozeß ist uns sonst im Bereich des Musikalischen wohl vertraut. Auch Musik können wir nur solange erleben, solange sie ertönt. Das Erlebnis ist auf keine Weise hinterher abstrakt mitteilbar. Es läßt sich nur vermitteln, wenn derjenige, dem es

263 R. Steiner, Die Philosophie der Freiheit, Stuttgart 1949, S. 318.
264 Op. cit. Anfang des 9. Kap.

vermittelt werden soll, sich selbst dem musikalischen Vorgang aussetzt. Dieser Zusammenhang zwischen dem wahrhaften Denken und der Musik ist nicht nur ein äußerlicher. Wahre Künstler haben ihn immer empfunden. So schreibt etwa Gustav Mahler, als er an seiner Auferstehungssymphonie arbeitet, an seinen Freund, daß ihm nun aufgegangen sei »und dies letztlich durch eine einfache musikalische Eingebung, die ich sehr genau analysierte«, wie sehr die Tätigkeit der Vernunft Tun Gottes in uns ist![265] Außer dieser inneren Erfahrung eines Musikers gibt es eine Fülle von Beobachtungen, die immer wieder auf die Verwandtschaft von Denken und Musik hinweisen. Dies wird besonders deutlich, wenn wir auf die Elemente schauen, die in der Musik und im Denken zusammenwirken: Im Musikalischen sind dies Melodie, Harmonie und Rhythmus, im Denkerischen Vorstellen, Fühlen und Wollen. Denn »wer zum *wesenhaften* Denken sich hinwendet, der findet in demselben sowohl Gefühl wie Willen, die letzteren auch in den Tiefen ihrer Wirklichkeit«.[266] Stellen wir uns die Entsprechungen in einem Schema nebeneinander, so ist ihre Verwandtschaft nicht mehr zu verkennen:

Denken { Vorstellen (Gedanke) / Fühlen / Wollen }  Musik { Melodie / Harmonie / Rhythmus (Takt) }  im Orchester vertreten durch { Blasinstrumente / Saiteninstrumente / Schlaginstrumente }

Dem Gedanken – eine Zusammenfassung einer Begriffskette – entspricht die Melodie – eine Zusammenfassung einer Tonfolge; usw.
Hier wird jetzt auch die innige Beziehung verständlich, die Apollon zur Musik und zu den Musen hat. Überall wo er auftritt, kommt die Welt durch sein Musizieren in harmonische Bewegung: »Wandelnd beim Klang der gewölbten Leier gelangt er nach Pythos Felsengetürm, der Sohn der ruhmvollen Leto; Gewänder trägt er, die duften und niemals verschleißen; da gibt von dem goldenen Plektron geschlagen die Leier ein liebesseliges Schallen. Nun verläßt er die Erde und wandelt hinaus zum Olympos, *wie ein Gedanke*, zum Hause des Zeus in die Kreise der andern, und die Unsterblichen wünschen sogleich, daß er spiele und singe. Alle Musen zusammen erwidern mit herrlicher Stimme...«[267]

[265] aus B. Wessling, Gustav Mahler, Hamburg 1974, S. 137.
[266] R. Steiner, Die Philosophie der Freiheit, im Zusatz zum 8. Kap.
[267] Hom. Hymn. Apollon Pyth. 182–189.

Das Instrument Apollons ist die Leier. Es ist ein Saiteninstrument, das universell verwendet werden kann. Zwar ist es von Natur aus für das Erklingen von Harmonien gebaut, aber auch Rhythmen und Melodien können auf ihm hervorgebracht werden. Es wird in der Mitte des Menschen in einer Haltung gespielt, die ein bewußtes Handhaben des Instruments erlaubt. Von welcher Seite aus man auch die Leier betrachtet, sie ist in jeder Hinsicht ein Instrument der Mitte. Man braucht nur andere Instrumente zum Vergleich heranzuziehen – wie etwa die Flöte, die im Kopfbereich ihren Ansatz hat, oder die Trommel, bei der dieser im Bereich der Gliedmaßen liegt, – um das harmonische Zusammenwirken der einzelnen Elemente bei der Leier zu bemerken.

Die Wirkung Apollons liegt in dieser harmonisierenden Tätigkeit, sei es im denkerischen oder im künstlerischen Bereich. Auch der Mensch erlebt etwas von dieser harmonisierenden Wirkung, wenn er sich so weit gebracht hat, daß er in der freien Gestaltung, im freien Gedankenstrome leben kann. Denn »das ist eine Tätigkeit, die zwar auf Erkenntnisse in einem tieferen Sinne abzielt als die äußere Naturerkenntnis, die aber zu gleicher Zeit künstlerisch ist, ganz identisch ist mit der künstlerischen Tätigkeit«.[268]

Diese geistige Seite der Welt, die über die äußere Naturerkenntnis hinausgeht, ist nur zu entdecken, wenn wir die Prozesse, die uns die Natur vorlebt, in unserem Gedankenleben noch einmal nachvollziehen und sie während dieses Nachvollzugs beobachten. Diese Forderung tritt in Griechenland im sogenannten Delischen Problem auf, das uns schon von einem anderen Gesichtspunkt aus beschäftigt hat.[269] Es war in ein Orakel gekleidet, das, wie alle von Delphi ausgehenden Orakel, doppelsinnig ist. Es lautet:[270] »Den Deliern und den übrigen Griechen werde eine Erlösung von ihren gegenwärtigen Leiden zuteil werden, wenn sie den Altar in Delos verdoppelten.« Plato sagt ihnen, die mathematische Aufgabe, welche zunächst damit gestellt zu sein scheine, die werde »Eudoxos von Knidos oder Helikon von Kyzikos für sie lösen. Doch sollten sie nicht glauben, dies sei es, was der Gott verlange, sondern er befehle allen Griechen, Krieg und Übeltun aufzugeben, sich dem Dienste der Musen zu widmen, durch Philosophie

[268] R. Steiner, Vortrag vom 12.10.1922, in GA 217 (Pädagogischer Jugendkursus).

[269] Vgl. S. 126.

[270] Plutarch, Über den Schutzgeist des Sokrates, 7.

und Wissenschaft ihre Leidenschaften zu mäßigen und so ohne Schädigung unter gegenseitiger Förderung miteinander zu leben.« Der Gott, der hier angesprochen ist und der auch diesen Rat gibt, ist Apollon. Was ist mit dem Verdoppeln des Altares gemeint, wenn die äußere Verdoppelung des Rauminhaltes nicht die richtige Auslegung des Orakels ist? Die Verdoppelung kann dann nur heißen: »Was dem Menschen von außen entgegentritt, was ihm ›geschenkt‹ wird, noch einmal durch die *eigene Tätigkeit* im Innern hervorzubringen. Im eigenen inneren Vorstellungsbilde diesen Altar *noch einmal* zu formen, innerlich aktiv ihn zu verdoppeln.«[271] Wenn es geschieht, offenbart sich dem Menschen etwas vom Wahrheitsgehalte der Welt. Wir erreichen dieses Ziel, wenn wir immer mehr »zu einem Musikalischwerden unserer Weltanschauung durch die rechtmäßige Erfassung dessen, was unser Gedankenleben ist«,[272] hinstreben.

Die Verbindung zwischen Welt und Menscheninnerem, zwischen Wahrnehmung und Begriff ist dadurch entstanden, daß der Schöpfergott auch den Menschen als eine doppelte Wesenheit geschaffen hat, der so der Welt verwandt geworden ist. Den Gegensatz zwischen Leib und Geist enthält auch er in sich: »Und ob er nun die Sonne selbst ist oder der Herr und Vater der Sonne und jenseits von allem Sichtbaren, so ist jedenfalls wahr, daß er die jetzt lebenden Menschen, denen er Urheber ihrer *Entstehung* und ihrer Ernährung, ihres *Seins* und ihres *Denkens* ist, für würdig hält, seine Stimme zu vernehmen.«[273] Im Denken des Menschen kann diese Stimme gehört werden. Sie offenbart ihm die Einheitlichkeit des in den Welterscheinungen und in den Geisteswelten lebenden Wesens. »Diejenigen aber, die Apollon und die Sonne für identisch halten, müssen wir wohl anerkennen und loben wegen ihrer rechten Bemühung, weil sie ihre Vorstellung von dem Gott mit dem gleichsetzen, was sie von allem, was sie kennen und ersehen, am höchsten halten; doch wie Leute, die jetzt nur erst im schönsten Traum von dem Gott träumen, wollen wir sie wecken und mahnen, sich noch höher aufzuschwingen und seine Wirklichkeit und sein Wesen zu schauen.«[274] Auf dem Weg dazu erhellt sich dem Menschen allmählich der Sinn seines Daseins. Das ist: die irdische Welt als den Ort zu ergreifen, wo er sich selbst zu einem Angehörigen der gei-

---

271 »Die Drei« 1977, Heft 1, S. 6, H. Börnsen, Bewußtseins-Schulung.

272 R. Steiner, Vortrag vom 31.7.11915, in: Der Baum des Lebens und der Baum der Erkenntnis.

273 Plutarch, Über die eingegangenen Orakel, 7.

274 Plutarch, Über das E in Delphi, 21.

stigen Welt umschaffen kann. Dieser Prozeß, der ihn zu einer immer größeren Teilhabe an der geistigen Welt führt, legt gleichzeitig die Organe an und bildet sie aus, die es dem Strebenden ermöglichen, geistige Wahrnehmungen zu beachten. Wir sprechen nicht umsonst davon, daß der oder jener sich ein »Organ« für irgendein Gebiet angeeignet habe. Wird diese »Ausbildung« konsequent weiterbetrieben, werden also mehrere solcher »Organe« ausgebildet, so werden sich diese eines Tages zu einem geistigen »Organismus« zusammenschließen: ein neuer geistiger Mensch wird geboren. »Sind Sie im Seelischen so weit gekommen, daß Sie das Denken befreit haben von der äußeren Anschauung, dann ist es damit zugleich reiner Wille geworden. Sie schweben ... mit ihrem Seelischen im reinen Gedankenverlauf. ... Damit aber beginnt das reine Denken ... nicht nur eine Denkübung zu sein, sondern eine Willensübung, und zwar eine solche, die bis in das Zentrum des Menschen eingreift. ... Und wenn Sie mit innerlichem Anteile so etwas studieren, ... wenn Sie ... fühlen, was dieses reine Denken ist, so fühlen Sie, daß ein neuer innerer Mensch in Ihnen geboren ist, der aus dem Geiste heraus Willensentfaltung bringen kann.«[275] Diese Geburt des geistigen Menschen ist ein innerer Vorgang, der nicht von außen beobachtet werden kann. Sie ist nur demjenigen bewußt, der sie vollzieht – und den Göttern!

Von hier aus erklärt sich nun auch, warum die Mitte der Welt durch den »Omphalos«, den Nabel, symbolisiert wird. Die Römer meinten, so wie die Mitte des Menschen durch den Nabel gekennzeichnet wird, so sollte auch die Mitte der Welt durch einen Nabel dargestellt werden. Dementsprechend haben sie dann, als sie Rom als die Mitte der Welt ansahen, einen Omphalos in die Mitte des Forums gestellt und ihn als Ausgangspunkt der Meilenzählung der von dort ausgehenden Fernstraßen benutzt. Für die Griechen dagegen hatte der Nabel einen tieferen Sinn, der sich ihnen aus seiner Funktion ergab. Denn er ist die Stelle am Menschen, die erst bei der Geburt entsteht! Nachdem Plutarch die Sage von den beiden Adlern erzählt hat, berichtet er weiter, daß, als »später einmal Epimenides von Phaistos den Gott um die Wahrheit dieser Sage befragt und einen undeutlichen und doppelsinnigen Spruch bekommen habe, er die Verse gedichtet haben soll:

[275] R. Steiner, aus dem Vortrag vom 22. 10. 1922 (Pädagogischer Jugendkursus) GA 217.

›Also hat weder Erde noch Meer einen Nabel inmitten.
Gibt es ihn, ist er den Göttern bekannt, den Menschen verborgen.‹

Ihn hat der Gott begreiflicherweise abgewiesen, da er eine alte Sage wie ein Gemälde durch Betasten prüfen wollte.«[276] Plutarch spricht damit deutlich aus, daß das, was in Form eines Bildes, z. B. in einem Mythos, ausgesagt ist, nicht gegenständlich (durch Betasten) verstanden werden kann. Es handelt sich eben gar nicht um äußere, sondern um innere Vorgänge, die auch nur im Innenleben beobachtet werden können.

Die Geburt des geistigen Menschen, d. h. die Geburt eines geistigen Organismus, der durch die Denktätigkeit der Seele hervorgebracht wird, hat auch im Mythos ihre Entsprechung. Denn da wirken Zeus und Gaia (in anderen Versionen des Mythos Zeus und Leto) zusammen, damit Apollon geboren werden kann. Das heißt, die Seele muß sich dem Geist hingeben, Gaia dem Zeus, damit das Geisteskind Apollon geboren werden kann.

Von diesem großen Vorgang enthält jeder Schöpfungs- und Erkenntnisakt ein Abbild im Kleinen: »Im gegenwärtigen Augenblick (des Dialoges) aber müssen wir uns drei verschiedene Gattungen denken: Das Werdende, dann dasjenige, worin es wird, und drittens das, woher das Werdende seine Ähnlichkeit nimmt, wenn es entsteht. Und es ist denn wohl auch angemessen, wenn wir den aufnehmenden Teil mit der Mutter, das, woher es kommt, mit dem Vater, und die Natur dessen, was zwischen diesen steht, mit dem Kinde vergleichen.«[277] Für den Ägypter war dieser Vorgang im Mythos von Isis, Osiris und Horus gegeben. Denn auch dort befruchtet der »Geistvater« Osiris die »Stoffmutter« Isis, damit das Horuskind geboren werden kann. So legt auch Plutarch diesen Mythos aus,[278] wobei er sogar Horus mit Apollon gleichsetzt. Dabei darf aber nicht vergessen werden, daß Sohn und Vater ein Wesen sind, die sich immer ineinander verwandeln und sich gegenseitig bedingen – wie Apollon und Dionysos.

Auch die Orakelgebung im Innern des Tempels von Delphi zeigt in ihrer symbolischen Anordnung ein Bild dieser Dreiheit. Denn der heilige Dreifuß, auf dem die Pythia sitzt, wenn sie vom Wesen Apollons

---

[276] Plutarch, Über die eingegangenen Orakel, 1.

[277] Platon, Timaois, 50 c.

[278] Plutarch, Über Isis und Osiris, 55/56.

berührt wird, befindet sich über dem Erdspalt, direkt neben (nach anderer Überlieferung sogar auf) dem Grab des Dionysos. Die selbstlose Hingabe der Pythia vermittelt also zwischen dem äußerlich unsichtbaren Apollon und dem in der Erde wirkenden Dionysos.

Am einfachsten und deutlichsten kommt das Wesen dieser Dreiheit im Symbol des Dreifußes selbst zur Anschauung: eine Schale, die von drei Füßen getragen wird. Dabei ist zu beachten, daß seine Füße auf der Erde stehen, und daß die Schale wie darauf wartet, von oben mit Flüssigem (Bewegtem) gefüllt zu werden. Das heißt: Wem sich der Geist offenbaren soll, der muß ihm ein Gefäß bereiten, das von drei Kräften getragen wird, die sich wiederum im Irdischen abstützen. So erscheint im lebendigen Bilde des Dreifußes, das an seiner Funktion abgelesen ist, wieder die zusammengehörige Einheit von Leib, Seele und Geist. Es ist deshalb nicht zu verwundern, daß es einen Mythos gibt, in dem Apollon selbst den Raub seines Dreifußes verhindert.

Alle Beobachtungen am Wesen des Denkens, die der Grieche als Ausdruck des Wirkens Apollons erlebt, werden in gleicher Weise im Johannesevangelium als Taten des Logos beschrieben. Er schuf die äußere Welt – »alle Dinge sind durch den Logos gemacht, und ohne denselben ist nichts gemacht, was gemacht ist« – und das innere Leben – »das war das *wahrhaftige* Licht, welches alle Menschen erleuchtet, die in diese Welt kommen«. Aber die Menschen haben es nicht bemerkt und den Logos nicht aufgenommen. »Diejenigen aber, die ihn aufnahmen, denen gab er Macht, Gottes Kinder zu werden.«

Diese schon im Prolog des Evangeliums anklingenden Themen werden dann in der Schilderung des eigentlichen Christuslebens bis in die Einzelheiten hinein ausgeführt. So behandelt das zweite Kapitel die Reinigung des »Leibes-Tempels«, das dritte Kapitel die Geistgeburt usw. Bis zum Ende des ganzen Buches, bis zu Tod und Auferstehung Christi, lassen sich die Geschehnisse durch genaue Beobachtung des Denkens verstehen.

Was sich in Delphi aus tiefen Untergründen ankündigt, wird im Leben Christi vor aller Augen offenbar. Von da an kann jeder Mensch wissen, was das Ziel des Menschseins ist, und ihm frei nachfolgen.

»Indem so dieses Himmlische, die Intellektualität und die Freiheit, in das irdische Leben eingezogen ist, ist für die Menschheit ein anderes Aufblicken zur Göttlichkeit notwendig geworden, als das früher der Fall war. Und dieses andere Aufblicken zur Göttlichkeit ist für die Menschheit möglich geworden durch das Mysterium von Golgatha. Indem der Christus eingezogen ist in das irdische Leben, kann er heiligen dasjenige, was aus überirdischen Welten eingezogen ist ... In einer Zeit leben wir, wo wir einsehen müssen: Von dem Christus-Impuls muß durchdrungen werden dasjenige, was unser Heiligstes in diesem Zeitalter ist: die Fähigkeit, reine Begriffe zu fassen, und die Fähigkeit der Freiheit. ... Der Mensch muß lernen, mit Christus rein zu denken, mit Christus ein freies Wesen zu sein, weil er sonst nicht in der rechten Weise dasjenige, was für ihn aus der übersinnlichen Welt in die sinnliche herübergezogen ist, im Zusammenhang mit der übersinnlichen Welt wahrnimmt. ... Das ist dajenige, was in uns Menschen vor sich geht. Was in der Welt vor sich geht, ist, daß aus geistigen Höhen der Christus, die Geistes-Sonne heruntergezogen ist in irdische Welten, damit dasjenige, was menschlich aus dem Übersinnlichen in das Sinnliche gezogen ist, sich finde mit dem, was kosmisch aus dem Übersinnlichen in das Sinnliche gezogen ist, auf daß der Mensch in der richtigen Weise sich zusammenfinde mit dem Geiste des Kosmos. Denn nur dann kann der Mensch in der richtigen Weise in der Welt stehen, wenn der Geist in ihm richtig den Geist außer ihm findet.«[279]

Die Beobachtung des Denkprozesses ist die Voraussetzung für das wahrhafte Erleben des Apollon und des Christus. Beide Namen gehören demselben Wesen. Das ist von manchen sensiblen Menschen, die Delphi kennen, gespürt und ausgesprochen worden. So schreibt etwa Erhard Kästner in *Ölberge, Weinberge*: »In Delphi rückt Christi Gestalt in die Mitte, weil hier das Geheimnis des Griechischen am dichtesten und brennendsten ist.«[280] Denn durch das Wirken des delphischen Apollon sind die Grundlagen gegeben worden, durch die eine solche Tatsache, wie das Leben des Christus, überhaupt erst verstanden werden konnte. Einige wenige Menschen, die das Wirken des Christus miterlebten, konnten aufgrund dieser Vorbereitung das zentrale Geschehnis der Menschheitsentwicklung begreifen. Sie dachten und sprachen Griechisch.[281]

279 R. Steiner, Vortrag vom 30.1.1923 in GA 257 (Anthroposophische Gemeinschaftsbildung).

280 S. 215.

281 Vgl. R. Steiner, Vortrag vom 4.11.1919 in GA 193.

Delphi ist, so gesehen, eine christliche Mysterienstätte, von der aus Christus-Apollon sein Erscheinen auf Erden, seine Fleischwerdung, vorbereitet hat, und durch deren Wirken die Vorbedingung geschaffen worden ist, daß die Menschwerdung eines Gottes und die ihr im Menschen entsprechende Tatsache verstanden werden kann.

Dieser Ausblick läßt uns den tieferen Sinn ahnen, welcher der Entwicklung des griechischen Geistes zugrunde liegt. Wir hatten gesehen, daß Apollons Wirken von Delphi aus darauf drängt, die Denkfähigkeit der Griechen auszubilden und diese Fähigkeit über die Menschheit zu verbreiten. Wäre sie zur Zeit des Christuslebens in Palästina nicht ausgebildet gewesen, so hätte niemand bemerken können, was wirklich geschah. Das zentrale weltgeschichtliche Ereignis wurde also nicht nur in Palästina durch 42 Generationen hindurch leiblich vorbereitet, sondern auch geistig von Griechenland aus. Dieser zweite Vorbereitungsstrom ist geschichtlich nicht so offensichtlich wie der erste, weil er sich vollständig im Übersinnlichen, d.h. ganz im Innermenschlichen, abgespielt hat. Aber ohne ihn hätten die christlichen Mysterien nicht wirklich begriffen werden können. Denn ohne Schulung des Denkens und ohne die dadurch erlebbar werdende geistige Welt kann die Wahrheit nur in einer die Logik nicht befriedigenden Weise gegeben werden. Der Versuch, die zentralen Wahrheiten z. B. auf den Konzilien zu dogmatisieren, kennzeichnet demnach nur die Bewußtseinsverfassung ihrer Verfechter.

Aber seit den großen Konzilien gibt es neben der offiziellen Kirche, die an die dort festgelegten Dogmen »glaubt«, immer auch ein esoterisches Christentum, in dem man sich bemüht, die Wahrheit zu *denken*. Ein Vertreter dieser Richtung spricht z. B. aus: »Durch den Sinn und die Vorstellungskraft wird die Seele Mensch; durch die Vernunft (ratio) wird die menschliche Seele Geist (spiritus); durch den Intellekt wird die menschliche Seele Gott.«[282] Erhebt sich die Seele in diese Region, dann hat sie das alte griechische Erlebnis, aber jetzt nicht mehr auf Apollon, sondern auf die christliche Trinität bezogen: »Gott ist eine rein geistige Sphäre, deren Zentrum überall und deren Peripherie nirgendwo ist.«[283]

Was mit der griechischen Philosophie begann, wird hier als Methode

282 Alanus ab Insulis, Sermo de Sphaera intelligibili, aus: M. Th. d'Alverny, Alain de Lille, Textes inédits, Paris 1965 S. 303.

283 op. cit. S. 296 = Zitat des Alanus aus seinen ›Regeln der Theologie‹ (= 7. Regel), vgl. auch die 99. Regel.

ergriffen, um zur selbständigen Erkenntnis der tiefsten Wahrheiten aufzusteigen. Die Welt der Sinnlichkeit dient nur als Ausgangspunkt. Sie wird in dem Maße überwunden, in dem die neu geübten Fähigkeiten wachsen.

# ANHANG

# Chronologische Übersicht über die griechische Geschichte

Beginn des 2. Jahrtausends:
        Erste indogermanische, sog. achäische Einwanderung
1600–1150    Blütezeit der kretisch-mykenischen Kultur
1250    Dorische Wanderung
8. Jh.    Homer, geometrische Kunst, erste olympische Spiele (776), Apollon übernimmt das delphische Heiligtum, griechische Schrifterfindung
7. Jh.    Hesiod
750–550    Die große Kolonisation
624    Drakon als athenischer Gesetzgeber
6. Jh.    Vorsokratiker
594    Gesetzgebung Solons in Athen
547    Vernichtung von Kroisos' Lyderreich durch Kyros
508    Reform des Kleisthenes in Athen
490    Schlacht von Marathon
480    Schlacht bei den Thermopylen, Seeschlacht bei Salamis
479    Schlacht von Plataä
484–425    Herodot
5. Jh.    Aischylos, Sophokles, Euripides
479–400    Die klassische Zeit Griechenlands (Phidias, Polyklet)
470–399    Sokrates
460–370    Hippokrates
431–404    Der Peloponnesische Krieg
427–347    Platon
400–323    Spätklassik (Skopas)
371    Schlacht bei Leuktra, Sieg Thebens über die Spartaner

| | |
|---|---|
| 384–322 | Aristoteles |
| 359–336 | Philipp II. von Makedonien |
| 356–323 | Alexander der Große |
| 338 | Schlacht bei Chaironeia |
| 334–323 | Eroberung des ganzen Alten Orients durch Alexander |
| 320–30 | Zeitalter des Hellenismus, Diadochenreiche |
| 2. Jh. | Griechenland und Kleinasien werden zu römischen Provinzen |
| 46–120 n. Chr. | Plutarch |

# Weiterführende Literatur

B. Ashmole, N. Yalouris; The Sculptures of the Temple of Zeus, London 1967
H. Berve, G. Gruben; Griechische Tempel und Heiligtümer, München 1961
F. Brommer; Die Parthenon-Skulpturen, Mainz 1979
J. Charbonneaux, R. Martin, F. Villard; Das klassische Griechenland (Universum der Kunst Bd. 16), München 1969
J. J. Coulton; Greek Architects at Work, London 1977
W. B. Dinsmoor; The Architecture of Ancient Greece, New York $1975^2$
W. Fuchs; Die Skulptur der Griechen, München 1969
G. Gruben; Die Tempel der Griechen, München $1976^2$
H. Kähler; Der griechische Tempel, Berlin 1964
H. Kayser; Paestum, die Nomoi der drei altgriechischen Tempel, Heidelberg 1958
H. Koch; Der griechisch-dorische Tempel, Stuttgart 1951
H. Koch; Studien zum Theseustempel in Athen, Berlin 1955
F. Krauss; Paestum, Berlin $1978^2$
A. W. Lawrence; Greek Architecture, Harmondsworth 1957
R. Lullies; Griechische Plastik, München $1979^2$
A. Mallwitz; Olympia und seine Bauten, München 1972
A. Mallwitz, Ch. Hofkes Brukker; Der Bassai-Fries, München 1975
R. Martin; Griechenland (Weltkulturen und Baukunst), München 1966
J. Onians; Art and Thought in the Hellenistic Age, London 1979
G. Rodenwaldt; Griechische Tempel, München $1951^2$
K. Schefold; Die Griechen und ihre Nachbarn (Propyläen Kunstgeschichte), Berlin 1967
J. Sharwood Smith; Temples, Priests and Worship, London 1975

# Bildquellen

Die Abb. 106 ist dem Werk »Die romanische Glasmalerei« von Louis Grodecki entnommen und wird mit freundlicher Genehmigung des Office du Livre, Fribourg, und des Verlages W. Kohlhammer, Stuttgart, wiedergegeben; die Aufnahme stammt von Georges Routhier. Alle übrigen Aufnahmen vom Verfasser. Die Zeichnungen ohne Quellenvermerk wurden von Axel Schliwa angefertigt.

# REGISTER

Abakus 134
Abaton 171
Achäer 12, 16
Acheron 146
Achill 156
Actium 17
Ägypten 80, 89, 92, 97
Ägypter 12, 208
ägyptischer Kalender 12
ägyptischer Tempel 12, 66, 78
Agamemnon 20
Agon s. a. Wettkampf 105, 119, 120, 156
Ahnenkultus 192
Aigina 54
Aigisth 20
Aischylos 17, 20, 21, 37, 61, 113
Aisymnos 110
Akanthus 142, 143, 144, 147, 150, 153, 155, 156, 157, 190
Akropolis 60
Akroterion 52, 54, 66, 75, 147, 153, 173, 190
Alexander der Große 17, 129, 185
Alexandria 18
Alkestis 37
Amphiktyonie 104, 119
Analogia 80
Andrae, W. 142

Anthemienfries 138, 153
Anthemienstele 147
anthropoide Innenform 188
Aphaiatempel 54
Aphrodite 170
Apollon 21, 22, 28, 29, 30, 31, 57, 101, 103, 105, 106, 108, 109, 110, 111, 113, 114, 115, 119, 120, 121, 123, 124, 125, 127, 128, 129, 130, 162, 169, 171, 172, 173, 174, 178, 182, 193, 194, 195, 196, 197, 199, 200, 201, 203, 204, 205, 206, 208, 209, 210, 211
Apollon Archegetes 129
Apollon Epikurios 62
Apollon Loxias 127
Apollontempel 45
Apollontempel v. Didyma 67
Apologie des Sokrates 124
Architrav 48, 52, 71, 83, 84, 86, 134
Areopag 113
Ariadne 169, 170
Aristophanes 173
Aristoteles 38, 76, 77, 78, 127, 155, 162, 174
Artemis 62, 179
Artemistempel v. Ephesos 67
Arithmetik 126
Arkadien 110
Asklepios 170, 171, 172, 173, 174, 175, 179, 182, 184

218

Asklepiostempel in Epidauros 67
Athen 15, 16, 93, 111, 113, 114, 115
Athener 108, 109
Athena 21, 26, 27, 29, 30, 31, 57, 162, 174, 175, 197
Athena Pronaia 174
Athleten 105
Attika 104
Ausnahmezustand 38

Balanos, B. 89
Bassä 62, 162
Bauer, H. 144
Berger, E. 63
Bestattung 109, 144
Biographie 114
Blechschmidt, E. 179
Boardman, J. 144
Bockemühl, J. 180
Börnsen, H. 206
Boreas 54
Boyancé, P. 106
Buchreligion 61
Bürgerrecht 111
Burckhardt, J. 17
Bysios 106

Caesar 55
Carpenter, R. 83
Cella 46, 47, 48, 60, 66, 86, 89, 162, 165, 168, 171, 172, 185, 193, 200
Cellawände 63, 68, 135, 136
Christentum 184
Christliche Kirche 135
Christus 177, 178, 209, 210
Christus-Apollon 211
Cicero 55, 129
Corbett, P. E. 43
Cumae 169

Dach 134, 136
Daidalos 169
Daimonen 109
Daktylen 82
Delos 42, 93, 125, 126, 169, 173
Delphi 14, 21, 45, 57, 101, 103, 104, 105, 106, 108, 109, 110, 111, 113, 114, 115, 118, 119, 120, 121, 123, 125, 126, 128, 129, 162, 165, 168, 172, 174, 182, 196, 199, 200, 202, 205, 208, 209, 210, 211
Demeter 172
Demokratie 15
Demonax 110
Dempsey, T. 114
Denken 100, 108, 121, 123, 125, 126, 127, 128, 129, 130, 158, 159, 173, 174, 175, 177, 178, 179, 180, 182, 186, 191, 192, 193, 194, 195, 196, 197, 198, 199, 200, 201, 202–211
Denkfähigkeit 163
Denktätigkeit 162
Denkvorgang 97
Dietz, K. M 20, 21
Dionysos 37, 121, 170, 171, 200, 208, 209
Dirlmeier, F. 76, 77, 127, 174
Dorer 12, 104, 140, 163, 165, 167
dorisch 51, 52, 58, 63, 65, 81, 84, 96, 133
Drachen 103, 119, 197
Drakon 15
Dreifuß 200, 208, 209
Drerup, H. 190

Ebert, F. 97
Eccles, John C. 161
Eckpfeiler 46
Eingeweihte 172
Eleusis 172
Elfenbein 92, 185

Entasis 52, 74, 81, 89, 97
Entstehen und Vergehen 130, 139, 202
Epidauria 172
Epidauros 162, 165, 168, 170, 171, 173, 174, 181
Epimenides von Phaistos 207
Epirrhema 40, 41
Erdspalt in Delphi 106, 209
Erechtheion in Athen 67
Erinnyen 20, 21, 113
Erkenntnis 100, 201
Erkenntnisprozeß 199
Erkenntnisvorgang 198
Ernährungsseele 155, 156
Eros 171
esoterisches Christentum 211
Eudoxos von Knidos 126, 205
Eule 28
Eulenäugige 29
Eumeniden 20, 37
Eurhythmia 81
Euripides 17, 20, 21, 37, 61

Fairbanks, A. 144
Flöte 205
Fontenrose, J. 109
Fries 54, 58, 60, 63, 65, 84, 134, 135, 136, 138, 139
Fuß 82, 83

Gaia 103, 208
Galen 96
Geist (spiritus) 174, 211
Geisteskultur 196
geometrische Kunst 14
Gesims 65
Gewissen 20
Giebel 52, 63, 71, 97
Giebeldreieck 54, 55, 140
Giebelfiguren 55

Giebelstelen 155
Gleichgewicht 74, 76, 99
Gigon, O. 174
Goethe, J. W. 40, 78, 80, 81, 135, 191
Götterkultus 192
Gold 92, 185
Grab 144, 146, 147, 156, 185, 192
Grab des Dionysos 200, 209
Grabrelief 190
Grabstelen 147, 150, 153, 155, 188
griechischer Kalender 105
Große Kolonisation 14
Gruben, G. 45
Grunauer 56

Harmonie 74, 76, 78, 80, 81, 97, 121, 139, 204, 205
heiliger Bezirk 21, 42, 118, 170
Heiligtum 19, 21, 101, 103, 105, 106, 109, 114, 115, 119, 165, 167, 173, 174, 196
Heilkunst 35
Heilschlaf 171
Hekabe 37
Helikon von Kyzikos 126, 205
Hellenismus 17, 67
Hera 26
Heraion von Argos 26
Heraion von Samos 26
Herakles 185
Heraklit 108
Hermes 146
Herodot 17, 108, 110, 113, 114
Heros/Heroen 58, 60, 61, 63, 97, 109, 169, 170, 173, 181, 185, 190
Hesiod 120
Hiebel, Fr. 163
Hippokrates 33, 35, 38, 97
Hippolytos 37
Hofkes-Brukker, Ch. 62
Homer 14, 16, 19, 22, 29, 103, 120, 196, 197, 204

Horus 208
Humanität 125

Ich 197
Ikaros 169
indogermanisch 12
Innenraum 135, 136, 142
Intellekt 211
Intellektualität 197
Ionier 104
ionisch 51, 58, 96, 133, 140, 142, 163
Isis 208
Isokrates 121

Jens, W. 37
Johannesevangelium 209

Kähler, H. 87
Kästner, E. 144, 210
Kalathos 144
Kalender 123
Kalkstein 63, 89
Kallimachos 129, 142, 157, 163
Kanneluren 51, 73, 76, 84, 89, 168
Kapitell 51, 65, 96, 97, 140, 143, 144, 153, 157, 161, 162, 163
Kassettendecke 65
Kauffmann, H. 73
Kayser, H. 80, 81
Kentauren 62
Kerényi, K. 35, 42, 91, 169, 172, 173, 184, 200
Kithara 119, 120
kitharodischer Nomos 119
Kleemann, J. 153, 187
Kleisthenes 15
Kleopatra 18
Klytemnaistra 20
Knossos 173
Koch, H. 66, 89

Königselle 80
Koiné 18
Konzilien 211
korinthisch 96, 142, 143, 144, 153, 157, 161, 162, 163, 167
Koronis 170
Koryphé 28
Kosmos 90, 92, 96, 97, 101, 105, 111, 130, 131, 134, 139, 153, 156, 157, 186, 190, 191, 192, 193, 197, 210
Kranichtanz 169, 170, 179
Kranz, W. 130
Krauss, Fr. 89
Kreta 169, 170, 196
kretisch-mykenisch 12
Kreuzerhöhung 177
Kristallisationspunkt 45
Kroisos 108, 113, 114, 123
Kultbild 91
Kurtz, D. C. 144
Kurvatur 85, 86, 87, 90
Kymation 138
Kyrene 110

Labyrinth 165, 168, 169, 170, 171, 172, 179
Lapithen 62
Lasten und Tragen 74, 76, 97
Lebensleib 155, 156, 157, 158, 159, 161, 190
Leier 204, 205
Lekythe(n) 144, 146, 147, 150, 155, 156, 157, 188
Lethe-Trank 201
Leto 204, 208
Libyer 110
Logoi 131
Logos 209
Lorbeerkranz 105, 120
luni-solarer Kalender 105
Lykurgos 110

Mahler, G. 204
Makedonien 18
Mallwitz, A. 80
Malwettbewerb 120
Mantinea 110
Marathon 16
Marmor 63, 92, 167
Megarer 110
Melchinger, S. 37
Melodie 204, 205
Menelaos 20
Metamorphose 155, 192
Methe 171
Metopen 58, 60, 63, 71, 83, 84, 97, 136, 181
Meyer, P. 137
Milet 14
Minotauros 169
Modulus 80, 81
Mond 105, 131
Moses 175, 177
Musenkunst 124, 196
Musik 203, 204, 206
Mykene 20
mykenische Zeit 27, 46, 170
Mythos v. d. sieben Söhnen des Sonnengottes 123
Mythos v. d. zwei Adlern 104, 119, 199, 207

Nabel 104, 109, 207
Naos 42, 184
Naûs 42, 43
Navis 184
Navos 42, 43
Nikodemus 177
Nikomachische Ethik 76, 77
Nilsson, M. 105
Notker der Stammler 192
Novalis 100

Oberfläche 91
Odysseus 16
Ödipus auf Kolonos 37
Oikisten 129
Oinomaos 58
Oktaeteris 105
Olivenkranz 105
olympische Spiele 14, 156
Olympia 38, 46, 48, 58, 105
Olympos 204
Omphalos 104, 119, 207
Onians, J. 163
Opisthodom 48
Orakel 45, 103, 105, 106, 108, 110, 111, 115, 125, 126, 129, 205, 206, 208
Oreithya 54
Orestes 20, 21, 37, 113
Organismus 37, 38, 94, 95, 96, 97, 99, 162, 180, 185, 203, 207, 208
Orient 16, 17
Osiris 208
Ovid 184
Oxus 129

Paestum 26, 48, 81, 93
Palästina 211
Paleimon 185
Palmette 144, 147, 150, 157
Panathenäenfestzug 60
panhellenische Spiele 119
panhellenische Wettkämpfe 156
Parodos 37
Parthenon 57, 60, 82, 83, 86
Patroklos 156
Pausanias 110, 120, 129, 165, 171
Peisistratos 15
Pelon, O. 170
Peloponnes 104
peloponnesischer Krieg 115
Pelops 58, 156
Pergamon 18

Perikles 15, 115
Peripteraltempel 155
Persephone 170, 172
Perser 108
Phidias 17, 46
Philhellenen 18
Philippeion von Olympia 185
Philippson, P. 19
Philosophie 126, 127, 129, 130, 131, 158, 162, 191, 211
Phoibos 127, 129, 200
Phönikien 187
phönikische Schrift 14
Phoker 104
Phylen 15
physischer Leib 159
Pilger 196
Pindar 17, 21, 120
Planetensystem 131
Plataä 16
Plato 14, 79, 80, 94, 96, 109, 111, 121, 124, 125, 126, 155, 158, 159, 162, 163, 190, 191, 199, 201, 205, 208
Plektron 204
Plutarch 90, 93, 100, 101, 104, 110, 111, 113, 121, 125, 128, 174, 200, 206, 207, 208
Pollit, J. J. 80
Polychromie 63
Polyklet 17, 95, 96, 168
Poseidon 48, 57, 185
Praschniker, C. 52
Preime, E. 15
Priester 196
Prisma 156
Pronaos 48
Prophetie 108
Proportion 80, 81, 82, 90, 94, 96, 132, 136, 140, 167
Protreptikos des Jamblichos 174
Pythia 106, 108, 110, 124, 208, 209

Pythien 119
Pythikos Nomos 119
Pytho = Delphi 104, 204

Ratsversammlung 105
Reinigung 196
Rhythmus 76, 84, 97, 121, 204, 205
Richard, H. 43
Riemer, Fr. W. 191
Riezler, W. 144
Ringhalle 49, 51, 52, 68, 87, 89, 140, 142, 190
Robert, F. 168, 170, 172, 173
Robert, L. 129
Rom 67, 184
Römer 143, 162, 182, 207
Rose 186, 199
Roux, G. 105, 168, 170, 171, 173, 181, 200

Särge 187, 188
Säulen 74, 97, 134, 140, 157, 163, 168
Säulenhalle 55, 66
Säulenkranz 46, 47, 49, 58, 162, 168
Säulenreihe 97
Salamis 16
Sassaniden 18
Schadewaldt, W. 125, 131, 132
Schatten 173
Schede, M. 137
Scheffer, Th. v. 184
Schefold, K. 163, 187
Schelling, Fr. 186
Schiller, Fr. 40
Schlange 175, 177, 179, 184
Schmidt, H. W. 37
Schneider, C. 17
Schrein 93
Schuchhardt, W. H. 22
Schulungsweg 178

Schwelle 159
Seele 192, 193
Seelenführer 146
Seelenleben 35, 163, 191, 195
Seelentätigkeit 197
Seiende 190, 191, 202
Selbstbestimmung 111
Selbsterkenntnis 201
Senden, M. v. 198
Sieben Weisen 121, 123, 125, 129
Sizilien 129
Sklaven 114
Snell, B. 120, 121, 128, 164, 191, 192
Sokrates 16, 94, 96, 123, 124, 125, 158, 159, 162, 174
Solon 15, 111, 113, 114
Sonne 101, 105, 123, 194, 206
Sonnengott 199
Sonnenhaftigkeit des Tempels 73
Sonnenlicht 70, 71, 73, 126
Sonnenuhr 73
Sophisten 16
Sophokles 17, 37, 61
Sozialisierung 107
Sparta 110, 111
Spartaner 12, 42
Spektrum 156
Spirale 144
Stadion 105, 138
Stebler, U. 20
Steiner, R. 20, 101, 156, 157, 159, 161, 179, 182, 192, 193, 203, 204, 206, 207
Stele 147, 172, 173
Stereobat 138
Steuben, H. v. 96
Strabo 129
Stufenbau 71, 85
Stufenunterbau 48, 49, 55, 85, 97
Stylobat 49, 51, 68, 86, 87, 89, 138
Symmetrie 80, 81, 82, 95, 96, 99, 167
sympatheia 131

Taenia 71
Tegea 162
Teichmann, F. 180
tektones andres 43
Temenos 42, 172
Testament Altes 175
Testament Neues 177, 178
Thales 121
Theater 37, 105
Themelion 97
Themistokles 109
Theodoros von Phokäa 167
Theseus 169, 170, 173, 179
Thessaler 104
Theurer, M. 80, 138
Tholos 84, 153, 162, 163, 165ff, 173, 185, 190
Threptikon 155
Thukydides 16, 120
Thutmosis III 93
Tiber 184
Tierkreis 105
Tonos 170
Totenkult 170
Tragödie 78, 94
Traufleiste 52, 133
Traumschlaf 179
Triglyphen 63, 65, 71, 74, 76, 83, 84
Triglyphen-Metopenfries 52, 83, 137
Trinität Christliche 211
Tritogeneia 162
Troja 20
trojanischer Krieg 16
Trommel 205
Tugend 126

Unsterblichkeit 174
Unteritalien 129
Unterwelt 146, 165, 172, 185

Vernunft 199, 211
Verstand 199, 201
Vitruv 80, 81, 95, 96, 142, 143, 144, 153, 157
Volkert, K. 52
Volksversammlung 15
Vorhalle 48

Wahrheit 197, 201
Weickert, C. 137
Weiher, A. 22

Weihgeschenke 108, 109, 115
s. a. Aufzählung der Weihgeschenke an Apollon 115–118
Wesenberg, B. 142
Wessling, B. 204
Wettkämpfe s. a. Agon 105, 119
Wettkampfstätte 37
Wissenschaft 126

Zeitrechnung griechische 14
Zeus 28, 29, 46, 48, 58, 162, 204, 208
Ziegler, K. 200

*Frank Teichmann* Der Mensch und sein Tempel
Band I: *Ägypten*

*225 Seiten mit 109 teils farbigen Abbildungen und 27 Zeichnungen*

»In diesem Band, dem Abhandlungen über Griechenland und christliches Europa folgen werden, zeichnet der Autor mit profundem ägyptologischem Wissen und unter übergreifenden geisteswissenschaftlichen Gesichtspunkten das erste große Kapitel vom Tempel des Menschen. Zahlreiche Abbildungen führen den Leser mit solider Detailkenntnis in die Kultur- und Geisteswelt Ägyptens hinein.«

*Die Kunst und das schöne Heim*

»Teichmann beschreibt und bewundert nicht nur die ägyptischen Tempelbauten, sondern er unternimmt den Versuch, ihre Entstehung aus der Geistesgeschichte der Ägypter heraus zu erklären. Obwohl das Buch nichts für Schnelleser ist, und obwohl Teichmann seine Behauptungen und Ausführungen stets wissenschaftlich abzusichern versucht, ist es doch leicht zu lesen. Dem Leser erschließen sich zahlreiche Texte und Bildzeichen, und ihm wird hier mehr über das Leben im alten Ägypten mitgeteilt als in manchem anderen Buch, das dies zu leisten vorgibt. Dieses Werk ist seinen Preis wert.«

*Hessische Allgemeine*

»Dieser Band führt wie kein anderes in letzter Zeit über das Pharaonenreich erschienene Werk in die Baukunst und in das Geistesleben, aus dem die monumentalen Bauwerke nur zu erklären sind, ein. Eine bessere Wegweisung durch eine der prächtigsten versunkenen Kulturen unserer Erde ist gegenwärtig am Buchmarkt kaum zu haben.«

*Wissenschaft und Literatur*

*In Vorbereitung:* Band III: *Christliches Europa*

*Ca. 220 Seiten mit ca. 70 Abb. und ca. 30 Zeichnungen (voraussichtl. 1981)*

Schon vom Beginn des christlichen Kirchenbaues an findet der Kult, zu dem sich die Gemeinde versammelt, in Innenräumen statt. Aber auch hier ist wieder eine grundlegende Wandlung dieser Innenräume und ihrer Gestaltung von außen zu beobachten, die in deutlichen Stufen vonstatten geht. Entwickelt sich durch die Mitwirkung der nördlichen Völker zuerst eine »romanische« Baukunst, die noch in Fortsetzung der Gestaltungsintentionen des griechischen Tempels liegt, so tritt mit dem Beginn der Gotik der erste große Umschwung ein. Die Reinheit der Seele hat in den großen Domen ihr bauliches Bild erhalten. Die Beschreibung der romanischen und gotischen Kirchenbauten von außen und innen, die beabsichtigte Wirkung auf den Gläubigen (an Hand mittelalterlicher Texte); die empfindende Betrachtung dieser Bauten und die weitere Entwicklung im Renaissance- und Barockzeitalter sind die Themen dieses Bandes. Den Schluß bildet ein Ausblick auf die Formen des ersten Goetheanums und auf die Intentionen, die mit diesem Bau verbunden waren.

VERLAG URACHHAUS STUTTGART